AUCUN AUTRE

« John MacArthur explique et proclame fidèlement la Parole de Dieu depuis des années. Dans ce livre, *Aucun autre*, il expose le caractère de Dieu avec douceur, clarté, passion et insistance. En cette période de confusion théologique, le pasteur John MacArthur défend les Écritures et définit clairement la nature de Dieu pour l'Église et le monde. Je suis reconnaissant envers lui pour son travail, et je recommande ce livre de tout cœur. C'est un cadeau offert au peuple de Dieu. »

— R. C. Sproul
Fondateur et président de Ligonier Ministries
Sanford, Flor.

« Depuis plus de quatre décennies, John MacArthur expose fidèlement la Parole de Dieu et enseigne aux chrétiens à tenir en haute estime la saine doctrine et la fidélité envers la Parole de Dieu. Au cœur de ce ministère d'enseignement et de prédication se trouve un engagement ferme à transmettre l'instruction biblique relative au caractère de Dieu. Ce bref ouvrage biblique et théologique portant sur les attributs de Dieu est riche en théologie et en dévotion. Ce livre est une ressource utile pour tout chrétien qui cherche à connaître et à aimer notre Dieu trinitaire et souverain, qui s'est révélé lui-même dans les Saintes Écritures. »

— R. Albert Mohler, fils
Président du Southern Baptist Theological Seminary
Louisville, Kent.

« Nous saluons ce livre riche en substance qui aborde notre plus grand besoin, celui de connaître Dieu, et qui nous vient de la plume d'un commentateur biblique contemporain parmi les plus aimés et fiables. Avec la compétence d'un maître en théologie et le cœur tendre d'un pasteur, John MacArthur nous fournit une documentation d'une richesse inestimable qui édifiera, nourrira et fera croître tout lecteur. Un livre à lire, à relire et à donner en sachant qu'il sera bénéfique. »

— Derek W. H. Thomas
Ministre principal, First Presbyterian Church
Columbia, Car. du S.

« Dans cet ouvrage, le lecteur est placé devant le Dieu de la Bible avec amabilité et patience, mais de façon résolue. Le pasteur MacArthur ne fait aucune tentative pour réconcilier le témoignage de la Parole de Dieu avec les opinions divergentes de l'homme déchu. Il ne fait que nous exposer les Écritures et les développer sans rien y enlever, ni rien y ajouter. À une époque où règne la confusion, le lecteur découvrira dans les pages de ce livre un traité digne de confiance portant sur l'un des aspects de la nature de Dieu des plus importants et des plus mal compris. Ne sous-estimez pas cet ouvrage à cause de sa concision. Il regorge de vérités théologiques qui y sont présentées clairement et simplement. Il offre au nouveau croyant une précieuse introduction au Dieu des Saintes Écritures. Il rappelle au pasteur aguerri de s'attacher à la perspective biblique de Dieu et de le proclamer à son peuple. »

— Paul Washer
Directeur de la HeartCry Missionary Society
Radford, Virg.

AUCUN AUTRE

DÉCOUVRIR LE DIEU DE LA BIBLE

JOHN MACARTHUR

ÉDITIONS
IMPACT

Édition originale en anglais sous le titre :
None Other: Discovering the God of the Bible
© 2017 par John MacArthur. Tous droits réservés.
Publié par Reformation Trust Publishing, a division of Ligonier Ministries

Pour l'édition française, traduite et publiée avec permission :
Aucun autre : découvrir le Dieu de la Bible
© 2017 Publications Chrétiennes, Inc. Tous droits réservés.
Publié en 2017 par Éditions Impact
230, rue Lupien, Trois-Rivières (Québec)
G8T 6W4 – Canada
Site Web : www.editionsimpact.org

Traduction : Robert Éthier

ISBN : 978-2-89082-313-6
Dépôt légal : 4ᵉ trimestre 2017
Bibliothèque et Archives nationales du Québec
Bibliothèque et Archives Canada

« Éditions Impact » est une marque déposée de
Publications Chrétiennes, Inc.

À moins d'indications contraires, toutes les citations bibliques sont tirées
de la Nouvelle Édition de Genève (Segond 1979) de la Société Biblique
de Genève. Avec permission.

TABLE DES MATIÈRES

Chapitre un

LE DIEU DE LA BIBLE EST PLEIN DE GRÂCE

Savoir des choses *à propos de* Dieu et le *connaître* sont deux concepts bien différents. Presque tout le monde peut affirmer quelque chose concernant Dieu – les faits à son sujet ne sont pas cachés. Il est miséricordieux et bon. Il aime les pécheurs malgré leurs péchés. Il est le Créateur, il soutient l'univers et il est le juste juge de tous (Hé 12.23). Ces faits ne représentent toutefois que quelques facettes de la nature véritable de Dieu. Pour ceux qui ne le connaissent pas ou ne l'aiment pas, ce savoir n'offre qu'un aperçu voilé de sa nature.

Dans ce livre, nous voulons aller au-delà des faits qui concernent la personne de Dieu et développer notre compréhension de son caractère. Nous voulons connaître son cœur et sa volonté, ainsi qu'étudier en profondeur la relation compliquée qu'il entretient avec l'humanité. En d'autres mots, nous voulons non seulement savoir des choses au sujet de Dieu, mais nous voulons apprendre à *le* connaître.

L'un des meilleurs sujets à étudier pour commencer à connaître la vraie nature de Dieu – du moins, l'une des plus grandes vérités à propos de son caractère et sa relation avec nous –, c'est sa grâce. La clémence est inhérente à la nature de Dieu. Il tient à manifester sa grâce, pour laquelle il sera exalté éternellement.

Bien que la grâce de Dieu se manifeste le mieux dans le sacrifice de son Fils et la rédemption des pécheurs, son expression n'est jamais isolée de la personne et de l'œuvre de Jésus-Christ. La grâce de Dieu est plus ancienne que l'Histoire et remonte jusqu'avant la création du temps lui-même. Elle se révèle non seulement au moment de notre conversion, mais tout au long du plan éternel de rédemption. Après tout, Dieu a choisi ceux qu'il sauverait avant la fondation du monde (Ép 1.4).

Les théologiens parlent de cette précieuse vérité comme de la doctrine de l'élection, et elle est devenue un grand sujet de débat et de division dans l'Église. Nous devons saisir la vérité à propos de l'élection pour comprendre qui est Dieu ainsi que son plan de rédemption et son dessein pour l'Église. Pourtant, certains, qui déclarent ouvertement aimer Dieu et croire la Bible, n'aiment pas cette doctrine et vont jusqu'à la mépriser. De nombreuses personnes pensent que Jean Calvin a inventé la doctrine de l'élection même si elle est clairement exposée dans les Écritures. Un jour, j'ai entendu un prédicateur bien connu avancer que le calvinisme était le plus grand danger menaçant l'Église d'aujourd'hui. Il a ensuite précisé que c'était la doctrine de l'élection qui l'avait rendu méfiant envers ce système théologique.

Le rejet de cette doctrine a cependant des conséquences très néfastes, particulièrement en ce qui a trait aux aspects pratiques de l'évangélisation et du ministère chrétien. Les chrétiens qui ne croient pas que Dieu attire souverainement ses élus vers le Christ sont forcés, dans leur perspective théologique, d'adopter une approche très pragmatique de l'évangélisation. Ils se préoccupent plus de ce qui « fonctionne » que de ce qui est vrai, parce que leur doctrine les porte à croire que tout repose sur leur habileté, leur ingéniosité et leur persuasion. Quelle responsabilité personnelle et quel fardeau ils endossent !

Toutefois, la doctrine de l'élection ne devrait pas mitiger les efforts d'évangélisation de l'Église. Au contraire, elle devrait nous inciter à l'action. Bien que le Seigneur sache qui il a choisi durant l'éternité passée, nous n'avons aucune idée de son œuvre d'élection (voir De 29.29). Nous devons donc poursuivre avec ferveur tout pécheur pendant qu'il peut encore se repentir. Nous devons fidèlement proclamer la vérité d'Ésaïe 59.1,2 dans toute sa pureté à tous ceux qui voudront bien l'écouter : « Non, la main de l'Éternel n'est pas trop courte pour sauver, ni son oreille trop dure pour entendre. Mais ce sont vos crimes qui mettent une séparation entre vous et votre Dieu ; ce sont vos péchés qui vous cachent sa face et l'empêchent de vous écouter. » Voilà la responsabilité de la foi : aussi longtemps que nous respirons, nous sommes dans l'obligation de prêcher la bonne nouvelle de Jésus-Christ d'une manière aussi captivante et persuasive que possible, pour que d'autres puissent être conduits à la connaissance salvatrice du Seigneur. « Connaissant donc la crainte du Seigneur, nous cherchons à convaincre les hommes » (2 Co 5.11).

De plus, nous devons croire la doctrine de l'élection avec une grande humilité. Notre conversion n'est pas due à nos mérites, mais elle est le don d'un Dieu miséricordieux. Il nous a laissés dans ce monde pour un certain temps, afin qu'en proclamant sa Parole, nous puissions en faire bénéficier d'autres.

La compréhension de la grâce souveraine de Dieu est au cœur de ce que l'Église représente et de son fonctionnement. Une bonne connaissance de la grâce divine influencera notre comportement envers les autres croyants. De cette connaissance découlera la manière dont nous évangéliserons les âmes perdues. Elle définit le rôle du pasteur. Elle touche tous les aspects de la vie au sein du corps de Jésus-Christ[1].

La grâce et la justice

Ceux qui sont sceptiques sur la doctrine de l'élection (ou qui s'y opposent) lui reprochent principalement de donner à Dieu l'apparence d'être injuste. Effectivement, cela semble être le cas – si l'on évalue ce qui est « juste » selon des critères d'humains déchus. On se dit : *Pourquoi Dieu ne traite-t-il pas tout le monde de la même façon ? Moi, c'est ce que je ferais.* Cependant, Dieu ne pense pas comme nous ni ne fait les choses comme nous les faisons. « Car mes pensées ne sont pas vos pensées, et vos voies ne sont pas mes voies, dit l'Éternel » (És 55.8). Il est plus sage et plus juste que nous. On ne peut l'évaluer selon aucun standard humain. Rappelons-nous les paroles de l'apôtre Paul qui dit : « Ô profondeur de la richesse, de la sagesse et de la science de Dieu ! » Et il ajoute : « Que ses jugements sont insondables, et ses voies incompréhensibles ! » (Ro 11.33.)

De plus, lorsque nous nous interrogeons sur la doctrine de l'élection, nous ne devons pas nous demander : « Pourquoi Dieu ne sauve-t-il pas tout le monde ? », mais bien : « Pourquoi Dieu sauve-t-il qui que ce soit ? » Il n'est certainement pas obligé de nous faire miséricorde. C'est ce qui caractérise la grâce.

En matière d'élection, lorsque nous considérons ce qui est juste, nous devons mettre de côté toute présomption et toute norme humaines. Il faut plutôt mettre l'accent sur la nature de Dieu. Cela suscite une nouvelle question : Qu'est-ce que la justice de Dieu ? En peu de mots, c'est un des principaux attributs de

Dieu selon lequel il fait ce qu'il veut de façon infiniment parfaite. Comme William Perkins l'a déjà souligné : « Nous ne devons pas penser que Dieu fait une chose parce qu'elle est bonne et correcte, mais plutôt que la chose est bonne et correcte parce que Dieu l'a voulue ainsi et l'a réalisée[2]. » Dieu définit la justice. Il est par nature juste et droit, et tout ce qu'il fait reflète sa nature. Par conséquent, tout ce qu'il fait est juste. Sa propre volonté, et rien d'autre, détermine ce qui est juste, parce que tout ce qu'il veut est juste ; et cela est juste parce qu'il le veut ainsi, et non le contraire. Il n'y a aucune norme de justice plus élevée que Dieu lui-même.

Luc 4 rapporte un bref incident qui a eu d'énormes répercussions. Jésus enseignait dans la synagogue de Nazareth. On lui remit le rouleau des Écritures, et il le déroula jusqu'au prochain passage à lire, dans Ésaïe. Luc 4.18,19 rapporte ce qu'il a lu : « L'Esprit du Seigneur est sur moi, parce qu'il m'a oint pour annoncer une bonne nouvelle aux pauvres ; [il m'a envoyé pour guérir ceux qui ont le cœur brisé], pour proclamer aux captifs la délivrance, et aux aveugles le recouvrement de la vue, pour renvoyer libres les opprimés, pour publier une année de grâce du Seigneur. »

« Ensuite, il roula le livre, le remit au serviteur et s'assit. Tous ceux qui se trouvaient dans la synagogue avaient les regards fixés sur lui. Alors il commença à leur dire : Aujourd'hui cette parole de l'Écriture, que vous venez d'entendre, est accomplie » (v. 21). En d'autres mots, celui que le prophète avait annoncé était là devant eux.

Et Luc ajoute : « Et tous lui rendaient témoignage ; ils étaient étonnés des paroles de grâce qui sortaient de sa bouche, et ils disaient : N'est-ce pas le fils de Joseph ? » (v. 22.) Ils connaissaient Joseph, mais rien à son sujet n'aurait pu expliquer que son fils soit l'homme tout à fait extraordinaire qui se tenait devant eux.

« Jésus leur dit : Sans doute vous m'appliquerez ce proverbe : Médecin, guéris-toi toi-même ; et vous me direz : Fais ici, dans ta patrie, tout ce que nous avons appris que tu as fait à Capernaüm » (v. 23). Jésus-Christ savait qu'ils voudraient des preuves démontrant qu'il était celui qu'il disait être, une manifestation miraculeuse de son pouvoir.

« Mais, ajouta-t-il, je vous le dis en vérité, aucun prophète n'est bien reçu dans sa patrie. Je vous le dis en vérité : il y avait plusieurs veuves en Israël du temps d'Élie, lorsque le ciel fut fermé trois ans et six mois et qu'il y eut une grande famine sur toute la terre ; et cependant Élie ne fut envoyé vers aucune d'elles, si ce n'est vers une femme veuve, à Sarepta, dans le pays de Sidon. Il y avait aussi plusieurs lépreux en Israël du temps d'Élisée, le prophète ; et cependant aucun d'eux ne fut purifié, si ce n'est Naaman le Syrien » (v. 24-27).

Cette réponse est pour le moins inusitée. Que leur disait-il au juste ? Tout simplement que Dieu n'avait pas ordonné que tous soient guéris. De plus, Dieu lui-même a déterminé quelle veuve serait sauvée de la famine et quel lépreux serait guéri. Cela ne dépendait pas du libre arbitre de l'homme. Même les miracles du Christ seraient réalisés selon la volonté souveraine de Dieu et non pas en réponse aux requêtes des gens de la ville où Jésus était né. En réalité, il leur disait ceci : « Vous pensez peut-être que je vais faire dans ma ville ce que j'ai fait à Capernaüm, mais Dieu n'agit pas ainsi, puisque Dieu agit souverainement selon son bon vouloir. »

Et voilà qu'au verset 28 nous lisons la première réaction relatée dans le Nouveau Testament quant à la doctrine de l'élection :

« Ils furent tous remplis de colère dans la synagogue, lorsqu'ils entendirent ces choses. »

La vraie question consistait à savoir s'ils pouvaient tolérer que la grâce de Dieu ne repose que sur le conseil de sa propre volonté. Pouvaient-ils accepter l'élection souveraine de Dieu ? Dans la synagogue même de la ville natale de Jésus, des adorateurs respectables détestaient cette vérité.

Dans Apocalypse 19.6*b*, nous lisons : « Alléluia ! Car le Seigneur, notre Dieu tout-puissant, est entré dans son règne. » Tant dans les cieux que sur la terre, il est le régisseur et le dispensateur de toutes ses créatures. Il est le Très-Haut et « tous les habitants de la terre ne sont à ses yeux que néant ; il agit comme il lui plaît avec l'armée des cieux et avec les habitants de la terre, et il n'y a personne qui résiste à sa main et qui lui dise : Que fais-tu ? » (Da 4.35.) Il est le Tout-Puissant qui fait toutes choses selon le conseil de sa propre volonté. Il est le divin potier qui prend des pécheurs bons à rien et les transforme en récipients nobles et utiles. Les Écritures décrivent la nature humaine déchue comme une masse d'argile – sale et informe qui, laissée à elle-même, finirait par durcir et devenir sans valeur et dégoûtante. De ce tas de boue, le divin potier forme des objets uniques pour différentes utilités. Comme le potier humain fabrique tant des cendriers que de beaux plats de service, le divin potier façonne aussi bien des vases d'honneur que d'un usage vil (Ro 9.21) – certains démontrent sa grâce et sa gloire, et d'autres servent de vases à sa colère. Ainsi, toute manifestation de son caractère saint, incluant sa haine absolue du péché, est mise en évidence selon sa volonté souveraine. De plus, les Écritures affirment qu'il accomplit toujours son parfait dessein avec patience et bonté, jamais avec malice ou intention malveillante : « Et que dire, si Dieu, voulant montrer sa colère et faire connaître sa puissance, a supporté avec une grande patience des vases de colère prêts pour la perdition, et s'il a voulu faire connaître la richesse de sa gloire envers des vases de miséricorde qu'il a d'avance préparés pour la gloire ? » (v. 22,23.)

En dernière analyse, Dieu décide de la destinée de tout homme et la détermine. Notre créateur et notre souverain légitime gouverne minutieusement chaque détail de son univers – ce qui revient à dire qu'il est Dieu, le Souverain et le Seigneur tout-puissant.

À vrai dire, la seule raison de croire en la doctrine de l'élection, c'est qu'on la retrouve dans la Parole de Dieu. Une telle doctrine ne peut venir ni d'un homme ni d'un comité d'hommes. Il en est de même pour la doctrine de la perdition éternelle : elle se heurte à toutes les inclinations naturelles et à toutes les préférences de la pensée humaine et charnelle. Dans un cœur non régénéré, elle provoque des sentiments de grande aversion. Comme la doctrine de la Sainte Trinité et celle de la naissance miraculeuse de notre Sauveur, la doctrine de l'élection doit être adoptée avec une foi simple, solennelle et ferme, parce que Dieu nous l'a révélée. Ceux qui possèdent une bible et croient ce qu'elle dit n'ont pas d'autre choix.

Même la *prédestination*, mentionnée dans 1 Pierre 1.20, ne doit pas être confondue avec la *prescience*. Si Dieu n'usait que de prescience, l'homme serait souverain et digne d'éloges puisqu'il aurait le mérite d'avoir fait le bon choix en cherchant Dieu et en croyant en lui. Ce genre d'enseignement est une atteinte à la souveraineté de Dieu ; il le présente comme un Être qui, du ciel, espère et attend que l'homme se repente lui-même en usant de son libre choix. D'après ce point de vue, la prédestination n'est rien d'autre que l'aptitude de Dieu à scruter l'avenir et à observer ce que feront ses créatures.

Dans 1 Pierre 1.20, il est dit du Christ qu'il était « prédestiné avant la fondation du monde » à être l'Agneau de Dieu sans défaut et sans tache, qui verserait son sang pour racheter son peuple. Ce verset ne parle pas d'une chose que Dieu a prévue en observateur passif ; c'est une description du plan de salut qu'il a souverainement ordonné avant la fondation du monde.

Quand nous percevons que la justice de Dieu représente son caractère et qu'elle n'est pas sujette à des hypothèses déchues, nous commençons à comprendre que Dieu, selon sa souveraineté, indique que tout ce qu'il fait est non seulement juste, mais aussi parfait. Le Créateur ne doit rien à ses créatures, même dans ce qu'il lui plaît de donner par grâce. Dieu fait exactement ce qu'il a décidé de faire, et rien ne peut le contraindre ni le dominer. C'est cette essence même que nous confessons lorsque nous le reconnaissons comme le Dieu tout-puissant.

La liberté de Dieu dans l'élection

Dieu fait donc ce qu'il veut, et tout ce qu'il fait est vrai et bon parce que *c'est lui qui le fait*. Il ne ferait rien qui soit incompatible avec son caractère saint. En conséquence, il est lui-même la norme en matière de sainteté et de droiture. En d'autres mots, il incarne tout ce qui est vraiment saint. C'est ce que nous voulons dire quand nous affirmons que Dieu est saint. Ce principe étaye tout ce que les Écritures enseignent. Et c'est certainement un principe fondamental sur lequel la doctrine de l'élection repose.

De plus, le fait de se choisir un peuple pour le salut ne peut être isolé de tout ce que Dieu a décidé d'accomplir, parce qu'en considérant l'ensemble de son œuvre, nous constatons que Dieu a ordonné tout ce qui se concrétise. Tout ce que Dieu fait, il a choisi de le faire, et tous ses choix sont libres de toute influence extérieure à lui-même. Ainsi, la doctrine de l'élection cadre dans une meilleure compréhension de la souveraineté de Dieu. C'est l'élection dans son sens le plus large, et elle figure dans presque toutes les pages des Écritures.

Dans l'acte même de la Création, Dieu a créé exactement ce qu'il voulait créer, et ce, exactement de la manière dont il voulait le faire. Il a également permis les divers événements survenus au cours de l'Histoire humaine, de sorte qu'il puisse accomplir le plan de rédemption qu'il avait conçu d'avance. Il a choisi une nation, Israël, pas parce qu'elle était meilleure ou plus désirable que d'autres peuples, mais simplement parce qu'il l'a choisie. Moïse dit à Israël : « L'Éternel, ton Dieu, t'a choisi, pour que tu sois un peuple qui lui appartienne entre tous les peuples qui sont sur la face de la terre. Ce n'est point parce que vous surpassez en nombre tous les peuples, que l'Éternel s'est attaché à vous et qu'il vous a choisis, car vous êtes le moindre de tous les peuples. Mais, parce que l'Éternel vous aime » (De 7.6*b*-8*a*). Comme tous les élus, Israël était « *[prédestiné]* suivant le plan de celui qui opère toutes choses d'après le conseil de sa volonté » (Ép 1.11).

Dans le Psaume 105.43, il appelle Israël « ses élus ». Le Psaume 135.4 mentionne : « Car l'Éternel s'est choisi Jacob, Israël, pour qu'il lui appartienne. » Dans Deutéronome 7.6, et un peu plus loin dans Deutéronome 14.2, nous trouvons ces mots : « L'Éternel, ton Dieu, t'a choisi, pour que tu sois un peuple qui lui appartienne entre tous les peuples qui sont sur la face de la terre. » Les Écritures n'essaient pas de défendre ou d'expliquer ce choix – elles ne font qu'affirmer que Dieu l'a choisi.

De la même manière et depuis le tout début, Dieu a choisi souverainement tout ce qui cadre avec son grand dessein de rédemption. Dès les premiers versets, le Nouveau Testament regorge d'exemples dans lesquels la souveraineté de Dieu est à l'œuvre. Il a élu son fils comme Rédempteur, et il a fixé le temps et déterminé les moyens relatifs à sa venue sur la terre. Cela ne devrait donc pas nous étonner d'apprendre qu'il a même choisi le corps des élus qui deviendrait l'épouse de son Fils – l'Église.

Son plan glorieux pour chaque chrétien est aussi conforme à sa manière coutumière d'agir souverainement. Il n'a pas confié sa souveraineté à quelque chose d'aussi vacillant et arbitraire que le libre choix humain. Jésus-Christ a dit à ses disciples : « Ce n'est pas vous qui m'avez choisi ; mais moi, je vous ai choisis, et je vous ai établis, afin que vous alliez, et que vous portiez du fruit, et que votre fruit demeure » (Jn 15.16). L'apôtre Paul dit même que les bonnes œuvres que nous pratiquons comme croyants ont été préparées « d'avance » (Ép 2.10).

Depuis le tout début, les chrétiens ont compris cela. Dans Actes 13.48, Luc dit : « [...] et tous ceux qui étaient destinés à la vie éternelle crurent ». Bien entendu, le neuvième chapitre de Romains contient un passage monumental sur les desseins d'élection de Dieu tel que manifestés dans ses choix entre Jacob et Ésaü. Dieu a choisi qui il a choisi – aucunement en fonction de ce qu'il avait accompli, mais uniquement en accord avec son propre but souverain, libre et déterminé. « Le potier n'est-il pas maître de l'argile ? » (Ro 9.21*a*) et au verset 20 : « Ô homme, toi plutôt, qui es-tu pour contester avec Dieu ? Le vase d'argile dira-t-il à celui qui l'a formé : Pourquoi m'as-tu fait ainsi ? » Nous ferions mieux de nous taire plutôt que de remettre en question les desseins souverains de Dieu.

L'élection et l'Église

Le Nouveau Testament entier contient des références qui parlent de l'Église comme étant l'élue, celle que Dieu a choisie.

Éphésiens 1 déclare que nous avons été élus en Jésus-Christ, dans son amour, avant la fondation du monde pour que nous puissions être amenés à la foi en Jésus-Christ. Dans 1 Thessaloniciens 1.4, Paul s'adresse à la congrégation en lui disant ceci : « Nous savons, frères bien-aimés de Dieu, que vous avez été élus. » Dans 2 Thessaloniciens 2.13 nous lisons : « Pour nous, frères bien-aimés du Seigneur, nous devons à votre sujet, rendre continuellement grâces à Dieu, parce que Dieu vous a choisis dès le commencement pour le salut, par la sanctification de l'Esprit et par la foi en la vérité. » On ne saurait être plus clair : Dieu vous a choisis dès le début pour vous sauver.

Dans Matthieu 16.18, Jésus dit : « [...] je bâtirai mon Église, et [...] les portes du séjour des morts ne prévaudront point contre elle ». Il s'agit d'une déclaration fracassante : « *Je* bâtirai mon Église. » « Je *bâtirai* mon Église. » « Mon Église » est une déclaration empreinte de certitude et d'intimité. C'est également une déclaration d'invincibilité – l'Église de Dieu triomphera du « séjour des morts », ce qui est un euphémisme juif pour décrire la mort. L'implication de cette affirmation est importante : cette demeure de la mort où nous allons quand nous mourons est l'arme ultime de Satan. Par conséquent, quand Jésus déclare : « Je bâtirai mon Église, et les portes du séjour des morts ne prévaudront point contre elle », il veut dire que le pire qui puisse se produire pour freiner le développement de son Église est la mort, mais que cette dernière n'aura pas le dessus sur elle.

Voilà une promesse très claire. Le Dieu du ciel qui est immuable, souverain, fidèle, plein de grâce et omnipotent – dont la Parole ne retourne jamais à lui sans avoir accompli le but pour lequel elle a été prononcée ; dont les desseins se réalisent toujours ; dont la volonté s'accomplit en définitive ; dont les voies sont invincibles – a prononcé ces paroles : « Je bâtirai mon Église. » Rien ne pourra s'y opposer.

C'est le but ultime de l'œuvre de l'élection de Dieu. Dans le premier chapitre de Tite, Paul donne un aperçu de l'amorce du plan de salut. Habituellement, nous lisons sans trop nous y arrêter les introductions des épîtres de Paul. Pourtant, elles sont souvent riches de sens – et c'est tout à fait le cas de celle-ci. Dans Tite 1, Paul décrit sa tâche de « serviteur de Dieu » en divisant l'œuvre du salut de Dieu en trois parties.

Premièrement, Paul déploie son énergie « pour la foi des élus de Dieu » (v. 1). Cette affirmation réfère à son ministère et à ses efforts d'évangélisation, ayant comme but premier la justification. Paul a reçu le mandat de Dieu de proclamer le message de l'Évangile afin que « les élus de Dieu » soient sauvés. Dans les faits, il déclare qu'il prêche l'Évangile pour que les élus l'entendent et y croient. Dans cet aspect de son ministère, Paul mettait l'accent sur la *justification* – la façon par laquelle des pécheurs peuvent paraître justifiés devant Dieu.

Deuxièmement, la *sanctification* est mise en relief, car Paul expose « la connaissance de la vérité qui est selon la piété » (v. 1). Il y a l'évangélisation, suivie du ministère de l'édification. Paul annonçait l'Évangile aux élus pour qu'ils l'entendent et y croient, et il proclamait la vérité divine aux croyants pour qu'ils marchent dans la sainteté.

Paul attire aussi l'attention sur « l'espérance de la vie éternelle » (v. 2), dans laquelle se trouve la troisième pierre d'assise de son ministère : la *glorification*. Or, cette dernière nous procure un très grand encouragement vis-à-vis des difficultés de la vie.

Voilà les trois dimensions du salut – la justification, la sanctification et la glorification. C'est la nature salvifique du ministère de Paul. Comme apôtre de Jésus-Christ, il expose tout le conseil de Dieu : l'œuvre justificatrice de Dieu, son œuvre de sanctification et son œuvre de glorification.

Ainsi, Paul proclame l'Évangile du Christ avec une grande clarté à ceux qui l'entendent, pour que les élus l'entendent et y croient. Ensuite, il leur enseigne la vérité pour qu'ils croissent dans la grâce et la connaissance de Jésus-Christ. Puis il leur montre l'espérance de la vie éternelle, pour leur procurer un puissant encouragement au milieu des difficultés. Il développe ces trois thèmes familiers – la justification, par laquelle nous sommes sauvés de la *punition* du péché ; la sanctification, par laquelle nous sommes délivrés du *pouvoir* du péché, et la glorification, grâce à laquelle un jour, nous serons complètement libérés de la *présence* du péché. Ces trois composantes représentent la plénitude passée, présente et future du salut. La proclamation des trois dimensions du salut se situait au cœur même du ministère de Paul.

Portons toutefois attention à la fin du verset 2 qui est la clé du message : Tout ce déploiement miraculeux du salut a été promis « avant tous les siècles par le Dieu qui ne ment point ». « Avant tous les siècles » est une expression biblique qui renvoie à l'éternité passée, c'est-à-dire à la période qui précède l'existence du temps (voir aussi Ac 15.18 ; Ro 16.25). C'est l'équivalent de l'expression « avant la fondation du monde » qu'on retrouve dans Jean 17.24 et 1 Pierre 1.20. Ainsi, Paul déclare que Dieu a décrété le plan de rédemption et fait la promesse du salut avant le commencement des temps.

À qui la promesse a-t-elle été faite ? À aucun être humain, puisqu'aucun n'avait encore été créé. Pas aux anges non plus, parce qu'il n'y a pas de rédemption pour les anges. Nous trouvons la réponse dans 2 Timothée 1.8,9. Il y est dit : « N'aie donc point honte du témoignage à rendre à notre Seigneur, ni de moi son prisonnier. Mais souffre avec moi pour l'Évangile, par la puissance de Dieu ; il nous a sauvés, et nous a adressé une sainte vocation, non à cause de nos œuvres, mais selon son propre dessein, et selon la grâce qui *nous a été donnée en Jésus-Christ avant les temps éternels* » (italiques pour souligner). Alors, à qui Dieu a-t-il fait cette promesse ? C'est une promesse intratrinitaire ; une promesse du Père faite au Fils.

Nous nous trouvons ici en terrain sacré, et comme notre compréhension du sujet est empreinte de faiblesse, nous devons l'aborder avec prudence. Nous reconnaissons qu'il y a un amour intratrinitaire entre le Père et le Fils, mais ce genre d'amour est incompréhensible et insondable pour nous (Jn 3.35 ; 17.26).

Nous savons pourtant une chose avec certitude : l'amour donne. À un certain moment de l'éternité, le Père voulant démontrer son amour parfait pour le Fils, a décidé de lui donner une humanité rachetée, afin que le Fils soit loué, glorifié et servi parfaitement d'éternité en éternité. C'était le don d'amour du Père. Le Père voulait offrir ce présent au Fils et il avait déterminé d'avance de le faire. En outre, il a déterminé qui formerait cette humanité rachetée et a consigné les noms de ses élus dans le livre de vie avant même la fondation du monde. Il les a mis à part afin qu'ils louent et glorifient pour toujours le nom de Jésus-Christ.

En un certain sens, cela signifie que vous et moi ne sommes qu'accessoires au salut. *Le salut a pour but premier d'honorer le Fils, pas d'honorer le pécheur.* En offrant ce cadeau d'amour à son Fils, le Père n'a pas voulu nous sauver pour que nous ayons une vie heureuse ici-bas, mais pour que nous passions l'éternité à louer son Fils.

Une éternelle expression d'amour

L'Évangile selon Jean nous donne un aperçu pénétrant de ce sujet. Dans Jean 6.37, Jésus dit : « Tous ceux que le Père *me donne* viendront à moi, et je ne mettrai pas dehors celui qui vient à moi » (italiques pour souligner). Tout racheté fait partie d'un corps d'élus choisis parmi toute l'humanité pour être donnés au Fils comme un cadeau d'amour. Il n'est pas question d'éventualité. Jésus dit : « Tous ceux que le Père me donne *viendront* à moi. »

De plus, Jésus dit au verset 44 : « Nul ne peut venir à moi, si le Père qui m'a envoyé ne l'attire. » Tous ceux que le Père donne sont attirés ; tous ceux qui sont attirés viennent ; tous ceux qui viennent sont reçus, et ils ne seront jamais rejetés. Pourquoi le Fils refuserait-il un cadeau d'amour venant du Père ? Notre salut en Jésus-Christ est assuré, non pas parce que nous sommes foncièrement désirables – personne ne l'est. Nous sommes en sécurité parce que nous sommes un cadeau du Père au Fils, et que le Fils aime le Père. En réponse à l'expression d'amour du Père, le Christ répond avec une parfaite gratitude en ouvrant les bras pour accepter le présent. Le même amour infini et insondable qui nous a mis à part dans l'éternité passée nous tient maintenant à l'abri pour toujours dans un amour affectueux.

Il y a plus encore. Au verset 39 nous lisons : « Or, la volonté de celui qui m'a envoyé, c'est que je ne perde aucun de tous ceux qu'il m'a donnés, mais que je les ressuscite au dernier jour. » Selon toute vraisemblance, c'est ainsi que les choses se passent : le Père a choisi tous ceux qui seraient rachetés et qui seraient remis au Fils comme une expression de son amour. Il a écrit leurs noms dans le livre de vie de l'Agneau. Ensuite, en son temps, le Père les attire. Quand le Père les attire, les pécheurs viennent à lui ; quand ils viennent, le Fils les reçoit. Quand il les reçoit, il les garde et les ressuscite au dernier jour, amenant ainsi le plan divin à son aboutissement. Il *doit* s'exécuter ainsi en accord avec le verset 38 : « Car je suis descendu du ciel pour faire, non ma volonté, mais la volonté de celui qui m'a envoyé. » Or, la volonté de celui qui a envoyé Jésus, c'est qu'il ne perde aucun de ceux que le Père lui donne, mais qu'il les ressuscite tous au dernier jour.

L'assurance du croyant, mieux connue comme la persévérance des saints, fait partie intégrante de cette doctrine, elle s'enchâsse dans le plan. Considérons l'incident relaté dans Jean 18, au moment où les soldats viennent chercher Jésus dans le jardin de Gethsémané pour l'amener en captivité. À deux reprises, Jésus demande : « Qui cherchez-vous ? » (Jn 18.4,7) et ils répondent : « Jésus de Nazareth » (v. 5,7). En faisant allusion à ses disciples, Jésus leur dit : « Laissez aller ceux-ci » (v. 8). Pourquoi voulait-il qu'ils échappent à l'arrestation ? Jean explique qu'« il *[leur]* dit cela, afin que s'accomplisse la parole qu'il avait dite : Je n'ai perdu aucun de ceux que tu m'as donnés » (v. 9).

Hypothétiquement, si Jésus avait permis qu'ils soient arrêtés, leur foi n'aurait pas surmonté l'épreuve – il ne l'a donc pas permise. Voilà comment il prend soin des siens : pas seulement en parole, mais en *action*. Il n'en perd aucun, et jamais il n'en perdra un. Il les conduira tous jusqu'à la résurrection, parce qu'ils sont un don du Père. Ils lui sont précieux, non en raison de leur nature, mais parce qu'ils expriment l'amour parfait de son Père, qui les lui a donnés pour qu'ils le glorifient, l'honorent et le servent durant toute l'éternité.

Si une circonstance devait être top éprouvante pour qu'ils la supportent, il s'assurerait qu'elle ne survienne pas. Il « ne permettra pas que vous soyez tentés au-delà de vos forces ; mais avec la tentation, il préparera aussi le moyen d'en sortir, afin que vous puissiez la supporter » (1 Co 10.13). S'il doit intervenir, il le fera de façon providentielle. Entretemps, il est assis à la droite de Dieu et « il intercède pour nous » (Ro 8.34). Hébreux 7.25 exprime bien la sécurité que nous procure l'intercession de Jésus-Christ : « C'est aussi pour cela qu'il peut sauver parfaitement ceux qui s'approchent de Dieu par lui, étant toujours vivant pour intercéder en leur faveur. » La persévérance des saints est assurée non par un décret divin impersonnel, mais par les soins attentifs, personnels et incessants du Sauveur, du Souverain Sacrificateur qui intercède pour son peuple afin de veiller à les garder en sécurité dans le plan du salut.

Examinons la prière du Souverain Sacrificateur dans Jean 17. Jésus anticipait la croix ; sachant qu'il devait subir la colère de Dieu contre tous les péchés du monde, il s'est exprimé en termes qui portent à réfléchir : « Mon Dieu, mon Dieu, pourquoi m'as-tu abandonné ? » (Matthieu 27.46.) Il y avait dans cette expérience des éléments franchement horrifiants, des atrocités qui ne peuvent être saisies par l'esprit humain limité. Toutefois, Jésus ne se préoccupait pas de lui-même. Il a pu dire sur la croix : « Père, je remets mon esprit entre tes mains » (Lu 23.46). Il se remettait entièrement aux soins de Dieu. Dans Jean 17, voyant d'avance les terreurs de la croix, il n'a pas prié pour *lui-même*, mais pour *les siens*. Il était responsable d'eux, de n'en perdre aucun et de les ressusciter tous au dernier jour. Même lorsqu'il était sur le point de donner sa propre vie pour eux, il ne se souciait pas de ses souffrances, mais se préoccupait de ce qui pourrait arriver à son peuple durant l'intervalle où il ne serait pas en mesure de prendre soin de lui.

Alors il a prié pour eux : « Maintenant ils ont connu que tout ce que tu m'as donné vient de toi. Car je leur ai donné les paroles que tu m'as données ; et ils les ont reçues, et ils ont vraiment connu que je suis sorti de toi, et ils ont cru que tu m'as envoyé. C'est pour eux que je prie. Je ne prie pas pour le monde, mais

pour ceux que tu m'as donnés, parce qu'ils sont à toi » (Jn 17.7-9).
En fait, il disait : « Ils sont à toi, tu me les as donnés et je ne les
perdrai pas – mais je dois m'absenter et je ne sais pas ce qui leur
arrivera lorsque je ne serai plus là pour prendre soin d'eux, même
si ce n'est que pour un court laps de temps. »

Il a ajouté : « Je ne suis plus dans le monde, et ils sont dans le
monde, et je vais à toi. Père saint, garde-les en ton nom » (v. 11).
C'est la requête principale de tout le chapitre – « garde-les en ton
nom ». C'est une demande inouïe : *Père, je ne pourrai pas prendre
soin d'eux pendant que ta colère se répandra sur moi ; veux-tu me
remplacer et t'occuper d'eux ? Jusqu'à présent, j'ai pris soin d'eux fidèlement, mais il viendra un moment où je ne pourrai plus le faire. Le
feras-tu pour moi ?* Puis, il dit au verset suivant : « Lorsque j'étais
avec eux *[dans le monde]*, je les gardais en ton nom. J'ai gardé ceux
que tu m'as donnés, et aucun d'eux ne s'est perdu, sinon le fils de
perdition, afin que l'Écriture soit accomplie » (v. 12). Il dit : *Je les
ai gardés comme j'avais promis de le faire. Maintenant, j'ai besoin
que tu t'occupes d'eux durant le temps où je dois souffrir pour eux.*

Pourquoi le Père les a-t-il donnés au Fils ? À la fin de sa prière,
le Fils a réitéré le pourquoi : « [...] parce que tu m'as aimé avant
la fondation du monde » (v. 24). Voilà la clé – l'amour parfait du
Père envers le Fils.

La vérité de l'élection souveraine de Dieu est une doctrine de
haut niveau – bien au-dessus de notre habileté à la comprendre
entièrement. Après tout, il y est question des expressions de
l'amour intratrinitaire qui nous sont insondables. Et pourtant,
si nous acceptons de bonne foi cette révélation des Écritures,
notre âme sera réconfortée par cette vérité glorieuse, édifiante
et réconfortante.

Élection et conformité au Christ

Selon la perspective divine, le but ultime de l'élection, le dessein ultime de la grâce de Dieu qui nous est attribuée, c'est la glorification éternelle du Fils. Pour bien comprendre l'objectif de Dieu en élisant son peuple pour le salut, nous devons considérer Romains 8.29 : « Car ceux qu'il a connus d'avance, il les aussi prédestinés à être semblables à l'image de son Fils, afin que son Fils soit le premier-né de beaucoup de frères. »

Parmi les nombreux points mentionnés dans ce verset, deux sont particulièrement saillants. Premièrement, nous sommes prédestinés *à être semblables à l'image du Fils de Dieu*. Le dessein électif de Dieu ne concerne pas seulement le début de notre salut – il nous a prédestinés (par sa grâce) à la perfection absolue dont nous jouirons à la fin du processus. Paul n'a pas dit : « Il nous a prédestinés à être justifiés », mais « à être semblables à l'image de son Fils ». Quand cela se produira-t-il ? Cela se produit en ce moment même, si l'on est un croyant, même si le processus semble lent au point d'être imperceptible. Cette opération s'effectuera complètement et instantanément « lorsqu'il paraîtra » (1 Jean 3.2). Ce temps précis fait référence au second avènement, lorsque les corps des saints seront ressuscités et glorifiés. La rédemption sera alors achevée. Le verset dans 1 Jean se poursuit ainsi : « Nous serons semblables à lui, parce que nous le verrons tel qu'il est. » C'est ce dont il est question dans Romains 8.19 : « la révélation des fils de Dieu ». Ainsi, Jésus-Christ sera le Chef parmi la multitude des saints qui lui ressemblera.

Dans la mesure où l'humanité glorifiée peut être semblable à la divinité incarnée, nous serons comme le Christ, et il n'aura point honte de nous appeler frères. Paul dit : « Je cours vers le but, pour remporter le prix de la vocation céleste de Dieu en Jésus-Christ »

(Ph 3.14). Quel est le prix de la vocation céleste ? Être semblable à Jésus-Christ. Si quelqu'un est sauvé pour ressembler au Christ dans la gloire, il devrait donc avoir pour but – avec l'aide du Saint-Esprit – d'être comme lui *maintenant*, autant que possible. Voilà le but que tout croyant doit viser. Nous serons semblables au Christ, conformes à l'image du Fils qui sera le Chef parmi nous. Voilà le but électif de Dieu ; son dessein parfait s'accomplira sans faille, et aucun de ses élus ne sera laissé pour compte.

On trouve dans 1 Corinthiens 15.24-28 une remarquable conclusion de ce sujet. Le temps viendra où le dernier ennemi – la mort – sera conquis ; quand le Christ, le roi de l'univers, prendra possession de son trône légitime et régnera en maître, tous ses ennemis seront assujettis sous ses pieds. Toute l'humanité rachetée sera rassemblée dans la gloire et rendue semblable à Jésus-Christ. Quand tout cela sera accompli, « lorsque toutes choses lui auront été soumises, alors le Fils lui-même sera soumis à celui qui lui a soumis toutes choses, afin que Dieu soit tout en tous » (v. 28).

Ce verset n'insinue pas que le Christ occupe une place subordonnée ou inférieure à celle du Père, bien au contraire. Le texte laisse plutôt entendre que lorsque le don d'amour de l'humanité rachetée sera offert à Jésus-Christ, il le remettra au Père *en s'y incluant lui-même* comme une expression réciproque d'amour infini. Alors (sans se départir de son humanité ni de son rôle de souverain sacrificateur auprès de nous), il reprendra la place qu'il occupait précédemment au sein de la Trinité, pour régner entièrement et glorieusement à la droite du Père – afin que « Dieu soit tout en tous ».

Ainsi, la doctrine de l'élection ne peut être considérée comme une idée insignifiante ou une matière à débat. Elle englobe toute l'histoire rédemptrice.

Le rôle du Christ dans la grâce de Dieu

Il y a un dernier point à aborder : le rôle de Jésus. À un certain moment, le Père a dit au Fils : « Pour que la rédemption s'accomplisse, tu devras aller dans le monde et devenir l'offrande pour ses péchés. » Quand Jésus affirmait dans Jean 6.38 qu'il était descendu du ciel pour faire la volonté du Père, il sous-entendait qu'il venait ici-bas pour y mourir. C'est ce qui donne tant de valeur à l'Église : elle est le don du Père au Fils, mais le Père devait sacrifier son Fils pour l'obtenir.

Elle est également précieuse en raison du prix que le Fils devait payer pour recevoir ce don. Dans 2 Corinthiens 8.9, nous lisons : « Car vous connaissez la grâce de notre Seigneur Jésus-Christ, qui pour vous s'est fait pauvre, de riche qu'il était, afin que par sa pauvreté vous soyez enrichis. » Comment estimer la richesse de Dieu ? Elle est sans limites, car Dieu est infiniment riche. Jésus était spirituellement riche des richesses de Dieu, et pourtant, il s'est appauvri, les abandonnant afin que *nous* devenions spirituellement riches des richesses de Dieu.

Plusieurs théologiens et commentateurs s'entendent pour dire que Paul décrit dans ce verset la condition financière de Jésus – sa pauvreté terrestre et son dénuement économique. À mon humble avis, le statut économique terrestre du Fils revêt très peu d'importance en comparaison de son œuvre rédemptrice. Il n'est pas question ici d'économie terrestre, mais bien du renoncement à toutes les prérogatives de sa divinité.

Philippiens 2.6-8 définit sa pauvreté : « [...] existant en forme de Dieu, *[le Christ]* n'a point regardé son égalité avec Dieu comme une proie à arracher, mais il s'est dépouillé lui-même, en prenant une forme de serviteur, en devenant semblable aux hommes ; et il a paru comme un vrai homme, il s'est humilié lui-même, se rendant obéissant jusqu'à la mort, même jusqu'à la mort de la croix ». À quel point s'est-il appauvri ? Nous lisons dans 2 Corinthiens 5.21 : « Celui qui n'a point connu le péché, il l'a fait devenir péché pour nous, afin que nous devenions en lui justice de Dieu. » Ces quinze mots en grec sont parmi les paroles les plus profondes du Nouveau Testament et constituent le sommaire le plus perspicace de la doctrine de la justification. « Celui qui n'a point connu le péché, il l'a fait devenir péché pour nous. » Qu'est-ce que cela veut dire ? Certains enseignants du mouvement « Parole de Foi » lui donnent cette signification : sur la croix, Jésus est devenu un pécheur, et il est allé en enfer durant trois jours pour expier ses péchés par cette punition ; après quoi, Dieu l'a délivré par la résurrection. Est-ce vraiment ce que signifie *devenir péché* ?

Non, absolument pas – en fait, cette définition est blasphématoire. Sur la croix, Jésus était sans péché et aussi parfait qu'il l'était auparavant et qu'il l'est depuis lors. S'il avait été coupable de quoi que ce soit, il n'aurait pas pu mourir pour nous. Il était l'Agneau de Dieu sans tache ni défaut ; il n'était pas un pécheur. Alors, dans quel sens est-il devenu péché pour nous ? En résumé, sur la croix, Jésus n'était coupable de rien, mais la culpabilité de son peuple lui été *imputée* – elle a été mise sur son compte. Dieu a traité Jésus comme s'il avait commis personnellement tous les péchés de toutes les personnes qui croiraient, même s'il n'avait commis aucun de ces péchés. Dieu a déversé toute la fureur de sa colère sur Jésus pour tous les péchés de tous ceux qui croiraient, et il a assouvi sa colère sur lui. Jésus-Christ l'a subie à notre place, pour que nous devenions justes devant Dieu en lui.

Voilà pourquoi Jésus a dû vivre toutes ces années dans une parfaite obéissance : il devait accomplir toute justice, afin que sa vie nous soit imputée. Nous savons tous que nous ne sommes pas justes. Sur la croix, Jésus n'était pas un pécheur, mais Dieu l'a traité comme s'il l'était. Et bien que vous ne soyez pas justes, il vous considère comme si vous l'étiez – parce qu'à la croix, Dieu a traité Jésus comme s'il avait vécu votre vie, afin de vous traiter comme si vous aviez vécu sa vie.

Voilà ce qui s'appelle une imputation, une substitution – probablement la plus grande expression de la grâce de Dieu envers nous. Jésus est venu ici-bas et y est devenu pauvre pour offrir sa vie en échange de la nôtre, remplir le dessein électif de Dieu, accomplir parfaitement la volonté divine et finalement remettre au Père le don d'amour même qu'il lui avait donné.

– Chapitre deux –

LE DIEU DE LA BIBLE
EST SOUVERAIN

« Notre Dieu est au ciel, il fait tout ce qu'il veut » (Ps 115.3). Voilà un regard simple, mais réel sur la nature souveraine de Dieu. À maintes reprises, les Écritures exaltent la domination souveraine qu'exerce Dieu sur tous les aspects de sa création. « Tout ce que l'Éternel veut, il le fait, dans les cieux et sur la terre, dans les mers et dans tous les abîmes » (Ps 135.6). L'apôtre Paul nous explique que Dieu « opère toutes choses d'après le conseil de sa volonté » (Ép 1.11). Et dans 1 Corinthiens, Paul exalte également Dieu comme le Souverain inégalé : « […] il n'y a qu'un seul Dieu, le Père, de qui viennent toutes choses et pour qui nous sommes, et un seul Seigneur, Jésus-Christ, par qui sont toutes choses et par qui nous sommes » (1 Co 8.6).

La chose est indéniablement claire : Dieu règne en tant que souverain Créateur et soutien de tout l'univers, et « c'est de lui, par lui, et pour lui que sont toutes choses » (Ro 11.36).

Néanmoins, chaque fois que nous abordons la doctrine de la souveraineté de Dieu, cela suscite une question. Cette dernière est très importante, car elle touche à un aspect spécifique de la souveraineté de Dieu et de sa grâce dans l'élection. De fait, c'est probablement la question la plus soulevée dans l'esprit de ceux qui sont sur le point d'accepter les doctrines de la grâce.

La question est la suivante : la doctrine de la souveraineté de Dieu élimine-t-elle le rôle de la volonté humaine ? Cette doctrine suggère-t-elle que nous ne sommes que de simples robots ?

Certains voient une insurmontable contradiction entre la souveraineté divine et la responsabilité humaine. Ils prétendent que la volonté humaine n'est pas réellement libre, dans le vrai sens du terme, si elle peut être renversée par un décret divin irrésistible. De part et d'autre, les arminiens et les hypercalvinistes déclarent que c'est la seule conclusion logique que nous pouvons tirer de la doctrine de la souveraineté divine. Cette façon de raisonner a cependant pour conséquence de caricaturer la grâce de Dieu par l'élection, de dépeindre le Seigneur comme un tyran distant et discriminatoire, et les humains comme à peine plus que des automates ne fonctionnant pas de leur propre gré.

La vérité est toutefois que Dieu exerce toute sa souveraineté sans utiliser aucune force ou contrainte qui supprimerait de quelque façon que ce soit la volonté humaine. La Confession de foi réformée baptiste de 1689 l'énonce ainsi : « De toute éternité et selon le très sage et saint conseil de sa propre volonté, Dieu a décrété en lui-même, librement et immuablement, toutes choses qui arrivent ; de telle manière, cependant, qu'il n'est pas auteur du péché et n'a de communion avec quiconque en ce domaine. Il *ne fait pas violence à la volonté de la créature*, mais la liberté ou la contingence de causes secondes sont bien plutôt établies qu'exclues. Ce décret manifeste la sagesse de Dieu à disposer de toutes choses, et sa puissance et fidélité à l'accomplir[1] » (italiques pour souligner).

Nous avons l'entière liberté de faire des choix selon notre propre nature et nos préférences, mais c'est là que le bât blesse. Nous n'avons pas suffisamment de volonté pour changer notre nature (Jé 13.23). Notre « propre nature et nos préférences » font en sorte que nous prendrons des décisions pécheresses. Nous ne sommes jamais « forcés » par notre Dieu souverain de faire les mauvais choix que nous faisons. La souveraineté de Dieu n'invalide donc en rien notre propre responsabilité quant aux péchés que nous commettons.

Reste que le rapport entre la souveraineté de Dieu et la responsabilité humaine n'est pas évident de prime abord et paraît, à première vue, paradoxal. Cependant, les Écritures jettent un éclairage précieux sur ces vérités jumelles et la façon dont elles s'harmonisent avec le plan de rédemption.

La souveraineté divine et la responsabilité humaine

La première étape pour comprendre la compatibilité entre la souveraineté de Dieu et la volonté humaine, c'est de reconnaître qu'elles *ne sont pas* mutuellement exclusives ; d'ailleurs, les Écritures sont absolument claires à ce sujet. Dans les plans divins, la domination souveraine de Dieu sur sa création n'élimine pas la responsabilité humaine. Ce fait est véridique même si le mal a été incorporé au grand dessein de l'univers avant le début des temps, et même si Dieu utilise les péchés de ses créatures pour des fins qui sont toujours (et seulement) *bonnes*. D'ailleurs, dans sa sagesse infinie, il est capable de faire en sorte que toutes choses concourent au bien (Ro 8.28).

Prenons le temps d'examiner la déclaration liminaire du Seigneur dans Ésaïe 10.5 : « Malheur à l'Assyrien, verge de ma colère ! » À première vue, cela n'a aucun sens. Si l'Assyrie est un instrument de jugement dans la main de Dieu, pourquoi prononce-t-il une condamnation sur les Assyriens ? L'expression « malheur à » laisse entrevoir une calamité ou un jugement sévère à venir. Cependant, un peuple peut-il faire l'objet d'une dénonciation et d'un jugement divins, tout en agissant comme une verge de la colère de Dieu ? La suite du verset précise : « La verge dans sa main, c'est l'instrument de ma fureur. » L'Assyrie, une nation païenne, mécréante et idolâtre, était un instrument du jugement divin contre le peuple rebelle de Dieu.

De fait, le verset suivant déclare : « Je l'ai lâché contre une nation impie [*Juda, la partie sud du royaume*], je l'ai fait marcher contre le peuple de mon courroux » (v. 6). Les Juifs y sont désignés comme le peuple de son courroux. Dieu tient Israël entièrement responsable de son incrédulité ; entièrement responsable de son idolâtrie ; entièrement responsable de sa rébellion et de son rejet de Dieu, de sa Parole et de son adoration. Alors, il autorise l'Assyrie à l'attaquer. Notez la suite du verset 6 : « Pour qu'il se livre au pillage et fasse du butin, pour qu'il le foule aux pieds comme la boue des rues. » Quel langage tranchant et décisif !

Ce que nous voyons ici, c'est un décret divin en pleine action. Dieu prend l'Assyrie par le chignon du cou et lui assigne le rôle d'instrument de sa fureur contre le peuple impie et rebelle de Juda. Et ensuite, il dit au verset 7 : « Mais *[l'Assyrie]* n'en juge pas ainsi, et ce n'est pas là la pensée de son cœur. » L'Assyrie est l'instrument du jugement de Dieu, mais les Assyriens eux-mêmes n'en ont aucune idée. Les Assyriens n'ont jamais eu pour but, pour motif et encore moins pour intention de *servir Dieu*. Ils ne s'intéressaient pas au Dieu des Écritures, ils ne croyaient même pas en lui. Au contraire, ils projetaient dans leur cœur d'exterminer un grand nombre de nations. Cela ne représentait pour les Assyriens qu'une occasion supplémentaire d'utiliser leur pouvoir destructeur pour frapper une autre nation voisine comme ils l'avaient déjà fait avec Calno, Carkemisch, Hamath, Arpad, Samarie et Damas (v. 9). Les versets 10 et 11 décrivent la confiance qu'accordait l'Assyrie à ses moyens de conquérir Juda : « De même que ma main a atteint les royaumes des idoles, où il y avait plus d'images qu'à Jérusalem et à Samarie, de même, ce que j'ai fait à Samarie et à ses idoles, ne le ferai-je pas à Jérusalem et à ses images ? » Tout ce que l'Assyrie comprenait, c'est qu'elle avait détruit d'autres nations, qui à ses yeux, étaient mieux protégées et avaient de plus grands dieux que celui de la Bible. Les Assyriens voulaient seulement infliger à Juda le même traitement qu'ils avaient fait subir à d'autres nations. Ils croyaient qu'ils agissaient de façon complètement indépendante. Ils étaient loin de se douter que Dieu se servait d'eux pour accomplir son jugement.

Le fait d'être des instruments de la colère divine les dégageait-il de toute responsabilité quant au mal que causaient leurs manœuvres militaires ? Si le décret divin irrésistible les conduisait vers Israël, dans quelle mesure portaient-ils la culpabilité de leurs actions ? Et pourtant, les Écritures disent clairement qu'ils *seront* tenus responsables. Le verset 12 annonce ce que Dieu fera quand il aura fini d'utiliser l'Assyrie comme instrument de sa fureur : « Mais, quand le Seigneur aura accompli toute son œuvre sur la montagne de Sion et à Jérusalem, *[il dira :]* je punirai le roi d'Assyrie pour le fruit de son cœur orgueilleux, et pour l'arrogance de ses regards hautains. » Le Seigneur avait déjà décrété que lorsqu'il cesserait d'utiliser l'Assyrie, il la punirait pour ses péchés. L'acte même perpétré par les Assyriens sous le décret de Dieu était infâme – à tel point que Dieu se tournerait contre eux et les détruirait. Aux yeux de Dieu, ils portaient la pleine responsabilité de toutes les dévastations et de tous les massacres commis, même s'ils accomplissaient le décret divin.

Dieu condamnait l'Assyrie non seulement pour ses mauvaises *actions*, mais également pour ses mauvais *motifs*. « Je punirai le roi d'Assyrie pour le fruit de son cœur orgueilleux, et pour l'arrogance de ses regards hautains. Car il dit : C'est par la force de ma main que j'ai agi, c'est par ma sagesse, car je suis intelligent » (v. 12,13). Dieu punirait les Assyriens pour leurs mauvais motifs et parce qu'ils n'avaient pas reconnu sa gloire, s'accordant plutôt le mérite de leurs actions. Ils croyaient avoir fait ces choses par le pouvoir de leurs mains et la sagesse de leurs propres desseins. Ésaïe nous rapporte les propos arrogants du roi d'Assyrie :

> Car il dit : C'est par la force de ma main que j'ai agi, c'est par ma sagesse, car je suis intelligent ; j'ai reculé les limites des peuples, et pillé leurs trésors, et, comme un héros, j'ai renversé ceux qui siégeaient sur des trônes ; j'ai mis la main sur les richesses des peuples, comme sur un nid, et, comme on ramasse des œufs abandonnés, j'ai ramassé toute la terre : nul n'a remué l'aile, ni ouvert le bec, ni poussé un cri (v. 13,14).

Ce genre d'orgueil rebelle attire la colère divine. Les motifs et l'arrogance des Assyriens les destinaient au jugement de Dieu. Ésaïe dépeint de façon éclatante l'ignorance et la sottise de leur attitude prétentieuse.

> La hache se glorifie-t-elle envers celui qui s'en sert ? Ou la scie est-elle arrogante envers celui qui la manie ? Comme

si la verge faisait mouvoir celui qui la lève, comme si le
bâton soulevait celui qui n'est pas du bois ! (v. 15.)

Dieu est celui qui brandit l'Assyrie comme une hache pour
abattre Juda et Jérusalem ; pourtant, il tient à juste titre l'Assyrie
responsable de ses crimes (v. 15-18).

Voici ce qu'il faut retenir : bien que Dieu contrôle par décret
divin et pouvoir souverain tout ce qui se passe dans le monde
selon sa propre volonté, cela n'enlève pas un iota de culpabilité
à ceux qui font le mal. Les personnes malfaisantes ne font pas
le mal parce qu'elles sont forcées de le faire, mais bien parce que
leurs intentions sont malfaisantes. Alors, Dieu les jugera aussi bien
pour leurs actions que leurs motifs, ainsi que pour leur refus de le
glorifier et de l'adorer.

De plus, Ésaïe n'essaie jamais de résoudre ou d'expliquer ce
que de nombreuses personnes pourraient considérer comme un
paradoxe judiciaire. Les Écritures n'indiquent en aucun cas que la
colère de Dieu contre l'Assyrie n'était pas pleinement raisonnable,
appropriée et justifiée. La Bible ne se soucie pas de réconcilier la
justice divine avec des présuppositions humaines en matière de
justice et d'équité. Les Écritures expliquent simplement ce que
Dieu a fait, et nous devons comprendre que ses actes étaient justifiés et équitables *parce qu'il les a accomplis.*

On peut voir très nettement cette même tension entre la
souveraineté divine et la responsabilité humaine dans Actes 2.
Durant son sermon lors du jour de la Pentecôte, l'apôtre Pierre dit
ceci : « Hommes Israélites, écoutez ces paroles ! Jésus de Nazareth,
cet homme à qui Dieu a rendu témoignage devant vous par les
miracles, les prodiges et les signes qu'il a opérés par lui au milieu
de vous, comme vous le savez vous-mêmes ; cet homme, livré

selon le dessein arrêté et selon la prescience de Dieu, vous l'avez crucifié, vous l'avez fait mourir par la main des impies » (v. 22,23).

Jésus-Christ est mort sous l'autorité de Dieu, en son temps et selon son dessein. Or, *Israël* était tout de même coupable – autant pour sa participation collective à sa mort que pour son incrédulité à croire en lui comme Messie.

Cependant, la culpabilité du meurtre de Jésus-Christ ne retombait pas seulement sur Israël. Actes 4.27 prononce une autre inculpation : « En effet, contre ton saint serviteur Jésus, que tu as oint, Hérode et Ponce Pilate se sont ligués dans cette ville avec les nations et avec les peuples d'Israël. » L'argument était clair : la mort du Christ constituait l'action concertée d'une humanité impie s'étant liguée contre Dieu. Tous sont coupables.

Cependant, la prière du verset 27 continue au verset 28 ; on y lit que toutes ces âmes coupables ont conspiré « pour faire tout ce que ta main et ton conseil avaient arrêté d'avance ». Ésaïe 53.10 abonde dans ce sens, en identifiant l'Éternel comme le responsable de la mort de son Fils : « Il a plu à l'Éternel de le briser par la souffrance. » Cela ne signifie aucunement que ceux qui ont exécuté Jésus-Christ sont exempts de culpabilité. Les intentions des responsables étaient tout à fait séditieuses et meurtrières, et leur action, purement méchante.

En conséquence, la mort de Jésus-Christ est pour ainsi dire la plus grande réalisation des paroles empreintes de vérité que Joseph a adressées à ses frères dans Genèse 50.20 : « Vous aviez médité de me faire du mal : Dieu l'a changé en bien. » L'accomplissement du plan rédempteur de Dieu par la mort du Christ n'atténue aucunement la culpabilité des meurtriers. Bien que Dieu ait ordonné et orchestré chaque événement afin d'en arriver à ses fins, les mains perfides des humains qui ont accompli le travail sont néanmoins coupables du rôle qu'elles ont joué.

Chaque partie de la Parole de Dieu évoque ces vérités en apparence opposées : la souveraineté divine et la responsabilité humaine. Néanmoins, les Écritures ne tentent jamais d'atténuer cette apparence d'antagonisme. On n'y trouve pas d'explication inspirée qui définirait clairement leur lien de complexité. Par conséquent, nous devons faire preuve de retenue lorsque nous tentons de conformer les décrets divins à notre piètre sens de l'équité. Nous devons nous rappeler que ce n'est pas à nous d'amener Dieu à respecter les normes que notre faible esprit peut lui suggérer. Il est lui-même le standard en matière de vraie droiture, et il n'agit jamais de manière à contredire sa justice ou sa droiture.

Entre être né et être né de nouveau

On retrouve une tension semblable dans Jean 3. Un homme nommé Nicodème est venu voir Jésus. Il était un chef religieux important parmi les Juifs et un enseignant impressionnant parmi les pharisiens. Les Écritures précisent qu'il est venu voir Jésus la nuit ; de là, nous en déduisons qu'il voulait cacher sa rencontre avec Jésus à ses confrères et chefs religieux. Il dit à Jésus : « Rabbi, nous savons que tu es un docteur venu de Dieu ; car personne ne peut faire ces miracles que tu fais, si Dieu n'est avec lui » (v. 2). Il comprenait le but réel des miracles de Jésus : ils fournissaient l'évidence de sa divinité. Jésus, ignorant la question que Nicodème venait de lui poser, sauta à celle qu'il avait vraiment en tête (voir aussi Jn 2.24,25). Jésus connaissait toujours les pensées de tous, et il savait ce qui tracassait Nicodème. La question qui lui brûlait les lèvres était : « Comment puis-je entrer dans le royaume de Dieu ? » Avant même que Nicodème puisse mettre sa question en mots,

Jésus lui répondit : « En vérité, en vérité, je te le dis, si un homme ne naît de nouveau, il ne peut voir le royaume de Dieu » (Jn 3.3).

Cela provoqua chez Nicodème un autre questionnement : « Comment un homme peut-il naître quand il est vieux ? » (v. 4.) En tant que pharisien, Nicodème savait comment parler en analogies et en paraboles – les chefs religieux y avaient recours tout le temps. À cette époque, c'était la façon courante d'entretenir une conversation spirituelle. Il savait qu'il s'était engagé dans une conversation spirituelle, et il comprenait aussi qu'on ne pouvait pas naître de nouveau par soi-même. « Comment un homme peut-il naître quand il est vieux ? » Autrement dit, la naissance exclut toute participation de la personne qui naît. On n'arrive pas dans le monde par ses propres moyens la première fois, et on ne peut pas le faire non plus la seconde fois. Il comprenait l'analogie que Jésus-Christ utilisait, mais cela ne le rapprochait pas de la réponse qu'il cherchait. Nicodème voulait voir le royaume de Dieu, mais il devait naître de nouveau. Il devait repartir à neuf avec une nouvelle vie, mais il comprenait qu'il lui était impossible d'y arriver par lui-même.

Jésus lui répondit : « En vérité, en vérité, je te le dis, si un homme ne naît d'eau et d'Esprit, il ne peut entrer dans le royaume de Dieu » (v. 5). Jésus ramena Nicodème à la prophétie d'Ézéchiel portant sur la nouvelle alliance, dans laquelle Dieu dit : « Je répandrai sur vous une eau pure, et vous serez purifiés ; je vous purifierai de toutes vos souillures et de toutes vos idoles. Je vous donnerai un cœur nouveau, et je mettrai en vous un esprit nouveau ; j'ôterai de votre corps le cœur de pierre, et je vous donnerai un cœur de chair. Je mettrai mon Esprit en vous, et je ferai en sorte que vous suiviez mes ordonnances, et que vous observiez et pratiquiez mes lois » (Éz 36.25-27). Par ces mots, Jésus-Christ faisait allusion à la nature de la régénération propre à la nouvelle alliance. Il disait essentiellement à Nicodème : « Tu dois être lavé, tu dois recevoir un nouveau cœur et l'Esprit doit être semé en toi. Alors, à moins que Dieu, souverainement, te donne un nouveau cœur, te donne son Esprit, et te lave d'en haut, tu ne peux entrer dans le royaume de Dieu. »

« Ce qui est né de la chair est chair, et ce qui est né de l'Esprit est esprit » (Jean 3.6). La chair ne peut produire que le fruit de la chair. La nouvelle naissance dépend d'une œuvre spirituelle de Dieu. On ne peut entrer dans le royaume à moins d'être né de nouveau, et personne ne peut s'attribuer sa propre vie spirituelle.

En outre, Jésus-Christ lui explique que l'on ne peut ni produire ni manipuler la nouvelle naissance, qu'elle est une prérogative entièrement divine. Il dit à Nicodème : « Le vent souffle où il veut » (v. 8). Non seulement la nouvelle naissance n'est possible que par Dieu, mais c'est lui qui décide du moment où elle se produira. On peut comprendre que Nicodème, abasourdi et possiblement découragé, demande à Jésus : « Comment cela peut-il se faire ? » (v. 9.)

Et Jésus lui répond : « Tu es le docteur d'Israël, et tu ne sais pas ces choses ! » (v. 10.) Peut-être y a-t-il un certain réconfort à savoir qu'un chef religieux en Israël éprouvait autant de difficulté à comprendre la souveraineté de Dieu que nous aujourd'hui. Jésus-Christ ne cherchait pas à insulter Nicodème, mais à mettre en évidence la faillite spirituelle de la religiosité juive, qui était devenue un système vertueux en apparence et empreint de fausse piété. Notre Seigneur établissait un contraste entre le légalisme des pharisiens et la vraie nature de l'œuvre rédemptrice et régénératrice de Dieu.

Si la conversation s'était terminée ainsi, les choses auraient semblé sans espoir pour Nicodème – de même que pour n'importe quel pécheur cherchant la rédemption et le pardon –, mais elle ne s'est pas arrêtée là. Jésus a poursuivi en préfigurant sa propre mort sacrificielle : « [...] il faut de même que le Fils de l'homme soit élevé, afin que quiconque croit en lui ait la vie éternelle. Car Dieu a tant aimé le monde qu'il a donné son Fils unique, afin que quiconque croit en lui ne périsse point, mais qu'il ait la vie éternelle. Dieu, en effet, n'a pas envoyé son Fils dans le monde pour qu'il juge le monde, mais pour que le monde soit sauvé par lui. Celui qui croit en lui n'est point jugé ; mais celui qui ne croit pas est déjà jugé, parce qu'il n'a pas cru au nom du Fils unique de Dieu » (v. 14-18).

Jésus n'a pas exigé de Nicodème une prière particulière ; il ne lui a pas non plus prescrit différentes étapes à franchir pour parvenir à la plénitude spirituelle. Il lui a simplement enjoint de *croire*. Les paroles du Christ ont dû faire l'effet d'un tremblement de terre sur cet homme qui avait passé sa vie dans un système légaliste de droiture fondée sur les œuvres. Le message était clair – Nicodème (ni personne d'autre) ne pouvait rien faire pour mériter la faveur de Dieu ou produire sa nouvelle naissance. Tout était l'œuvre de Dieu – l'homme n'y jouait aucun rôle. Et pourtant, Nicodème était responsable de croire. Là se situe la « tension » dans l'exhortation du Christ à naître de nouveau : le salut est entièrement l'œuvre de Dieu, mais nous avons l'obligation de croire, et Dieu tiendra pour responsables ceux qui le rejettent et qui sont incrédules.

Nous lisons la même chose quelques chapitres plus loin, dans Jean 6. Au verset 37, Jésus déclare : « Tous ceux que le Père me donne viendront à moi, et je ne mettrai pas dehors celui qui vient à moi. » Pourtant, au verset 44, il dit : « Nul ne peut venir à moi, si le Père qui m'a envoyé ne l'attire ; et je le ressusciterai au dernier jour. » Lequel des deux est-ce donc ? Sommes-nous sauvés parce que nous sommes venus au Christ ou parce que Dieu nous a premièrement attirés à son Fils ? Le salut est-il accessible à « quiconque croit » (Jean 3.16) ou dépasse-t-il complètement notre ressort, semblable au « vent *[qui]* souffle où il veut » (3.8) ?

La réponse se trouve dans la métaphore de Jésus sur la nouvelle naissance. Aucune action de la volonté humaine ne peut pardonner des péchés, transformer des cœurs, renouveler des esprits ou laver des âmes. Nous n'avons aucune espérance de salut, sans l'œuvre de Dieu. Notre seule option, c'est de nous lamenter comme le collecteur d'impôts dans Luc 18.13 : « Ô Dieu, sois apaisé envers moi, qui suis un pécheur. » Toutefois, Dieu n'effectue pas son œuvre salvatrice en s'opposant à notre volonté. Il n'intervient pas et n'impose pas son salut à des individus malgré eux. Dans son dessein parfait, il nous attire souverainement au Christ. Laissés à nous-mêmes, nous ne choisirions jamais de croire en Jésus, mais par la souveraineté de Dieu, ceux qu'il attire à lui croient sans exception.

Malgré la discordance apparente entre la souveraineté de Dieu et la responsabilité de l'homme, les Écritures n'usent jamais d'échappatoires lorsqu'elles présentent ces deux grandes réalités côte à côte, fonctionnant en harmonie. En fait, la lettre de Paul aux Romains *célèbre* ce contraste.

Les éléments essentiels de la rédemption

Dans les chapitres 9 à 11 de Romains, nous percevons le cœur de Paul comme évangéliste. Il se passionnait pour le salut des pécheurs, et plus particulièrement pour celui des Juifs – après tout, ils étaient son peuple. Dans Romains 9, il commence par dire : « Je dis la vérité en Christ, je ne mens point, ma conscience m'en rend témoignage par le Saint-Esprit : J'éprouve une grande tristesse, et j'ai dans le cœur un chagrin continuel » (v. 1,2). Pourquoi Paul était-il si triste ? Il l'explique : « Car je voudrais moi-même être anathème et séparé de Christ pour mes frères, mes parents selon la chair » (v. 3). Le cœur de Paul se brisait pour les Juifs perdus, au point de souhaiter être lui-même séparé de la communion avec le Christ dans le but d'assurer leur salut. C'est un zèle évangélique que la plupart d'entre nous ne connaissent pas. Dans le chapitre suivant, il exprime le même désir avec une grande passion : « Frères, le vœu de mon cœur et ma prière à Dieu pour eux, c'est qu'ils soient sauvés » (10.1). Tout, dans Romains 9, s'insère dans ces ferventes expressions du profond désir que formulait Paul de voir ses concitoyens israélites être sauvés.

L'égarement spirituel et l'incrédulité d'Israël enflammaient le cœur de Paul. Les Israélites avaient reçu en tant que fils l'adoption, la gloire, les alliances, la Loi, le Temple, ainsi que toutes les bénédictions et les promesses inhérentes au peuple de Dieu. Ils descendaient des pères, la lignée même de Jésus-Christ. Pourtant, ils avaient rejeté tout cela, et plus encore, avaient renoncé à leur héritage spirituel, s'attirant ainsi la colère de Dieu. Par conséquent, Paul, souhaitant désespérément les voir sauvés, suppliait Dieu pour le salut de ces pécheurs. Finalement, son zèle évangélique l'a conduit jusqu'à Rome, où il a par la suite été décapité.

Paul savait, aussi bien que n'importe qui, ce qui était essentiel aux pécheurs pour être sauvés. En premier lieu, il a expliqué que le salut reposait sur la *souveraineté divine*, qu'il est une œuvre de Dieu. Dans Romains 9.6, Paul indique qu'aux yeux de certains, le plan de Dieu avait échoué. Or, l'incrédulité d'Israël ne prouvait pas que la Parole de Dieu avait fait défaut, et voici pourquoi : « Car tous ceux qui descendent d'Israël ne sont pas Israël » (v. 6). Dieu n'a jamais eu l'intention de sauver tout Israël ; il a toujours été sélectif. Paul explique que la bénédiction n'a pas été répandue également sur les descendants d'Abraham – elle est venue à Isaac, puis a été transmise à Jacob. Dieu n'a jamais caché que cette façon d'agir faisait partie de son dessein divin : « J'ai aimé Jacob et j'ai haï Esaü » (Ro 9.13).

Anticipant de possibles objections à la sélectivité de Dieu, Paul prend les devants : « Que dirons-nous donc ? Y a-t-il en Dieu de l'injustice ? Loin de là ! » (v. 14.) Cette dernière expression, *mē genoito*, est la plus forte négation en grec. Paul dit : « Non, non, jamais de la vie ! » Il poursuit ainsi : « Car il dit à Moïse : Je ferai miséricorde à qui je fais miséricorde et j'aurai compassion de qui j'ai compassion. Ainsi donc, cela ne dépend ni de celui qui veut, ni de celui qui court, mais de Dieu qui fait miséricorde » (v. 15,16). Dieu a arrêté son choix plein de grâce sur certaines personnes pour qu'elles jouissent de la vie éternelle : c'est *son choix* – voilà tout. Il ne repose ni sur le mérite ni sur l'effort humain. Pour illustrer davantage les pratiques arbitraires de Dieu, Paul fait une rétrospective à partir de Pharaon : « Car l'Écriture dit à Pharaon : Je t'ai suscité à dessein pour montrer en toi ma puissance, et afin que mon nom soit publié par toute la terre. Ainsi, il fait miséricorde à qui il veut, et il endurcit qui il veut » (v. 17,18).

Encore une fois, Paul connaît notre tendance naturelle à nous objecter en fonction de ce qui est en apparence équitable. Dans le verset 19, il soulève l'objection pour nous : « Tu me diras : Pourquoi blâme-t-il encore ? Car qui est-ce qui résiste à sa volonté ? » Comment Dieu peut-il nous reprocher quelque chose, si c'est lui qui prend la décision ? Comment peut-il endurcir le cœur de Pharaon, pour ensuite le tenir responsable des actions que son cœur endurci l'a poussé à commettre ?

Dans son propre langage, Paul répond à nos objections en nous disant essentiellement de nous taire : « Ô homme, toi plutôt, qui es-tu pour contester avec Dieu ? Le vase d'argile dira-t-il à celui qui l'a formé : Pourquoi m'as-tu fait ainsi ? Le potier n'est-il pas maître de l'argile, pour faire avec la même masse un vase d'honneur et un vase d'un usage vil ? Et que dire, si Dieu, voulant montrer sa colère et faire connaître sa puissance, a supporté avec

une grande patience des vases de colère prêts pour la perdition ? »
(v. 20-22.) En tant que potier, Dieu exerce sur nous, l'argile, son
ultime et incontestable autorité.

Maintenant, gardons à l'esprit que Dieu, en exerçant sa souveraineté, ne fait aucunement violence à la volonté de sa créature. Pharaon était coupable parce il était délibérément rebelle
envers Dieu. Dieu n'a pas outrepassé les désirs ou les penchants
de Pharaon en endurcissant le cœur de ce dirigeant malveillant.
L'endurcissement du cœur du pharaon ne s'est pas produit à l'en-
contre de sa volonté.

Il reste que ce passage dans Romains 9 est probablement la
déclaration la plus percutante du Nouveau Testament sur la souveraineté de Dieu. Nous devons comprendre que Dieu a tout à
fait le droit de démontrer sa colère ou sa justice pour sa gloire aussi
bien qu'il a le droit d'accorder sa miséricorde et sa grâce pour sa
gloire. Évidemment, nous préférons la gloire qu'il reçoit pour sa
grâce ; mais, il reçoit autant de gloire pour sa colère. Ce n'est tout
simplement pas à nous de déterminer comment Dieu doit déployer
sa gloire. Paul comprend que la rédemption est une œuvre souveraine, que Dieu n'est pas injuste et que rien ne contredit la vérité du
Psaume 119.142, qui dit : « Ta justice est une justice éternelle. » Dieu
fait ce qu'il a à faire, et son œuvre sera toujours juste et justifiée.

Vient ensuite Romains 9.30 : « Que dirons-nous donc ? Les
païens, qui ne cherchaient pas la justice, ont obtenu la justice,
la justice qui vient de la foi. » Ils ne la cherchaient même pas,
mais ils l'ont reçue par la foi en Christ. Nous voyons ici une
autre juxtaposition de la foi et des œuvres. « *[Tandis]* qu'Israël, qui
cherchait une loi de justice, n'est pas parvenu à cette loi » (v. 31) :
les Israélites aveuglés par leur légalisme ont rejeté celui en qui
ils devaient mettre leur foi parce qu'il était pour eux une pierre
d'achoppement et un rocher de scandale (1 Pi 2.7).

En second lieu, Paul avait compris que le salut requérait la *foi* en plus de la souveraineté divine. Dieu endurcit qui il veut endurcir et fait miséricorde à qui il veut faire miséricorde. Et pourtant, Dieu tient les Israélites responsables d'avoir rejeté le Christ. Paul définit ainsi leur problème : « [...] ils ont du zèle pour Dieu, mais sans intelligence » (Ro 10.2). Les Israélites s'étaient fabriqué un Jéhovah à leur image, comme ils l'avaient fait dans le désert avec le veau d'or. Par conséquent, ils ont été incapables d'apprécier la justice de Dieu et de reconnaître leur état de pécheurs. Ils savaient ce que Dieu leur avait demandé : « Vous serez saints pour moi, car je suis saint, moi, l'Éternel » (Lé 20.26), mais ils n'avaient aucune idée de ce qui constituait la vraie sainteté. Ils croyaient à tort que la pratique d'une piété exigeante était synonyme de vraie justice, et que Dieu se préoccupait plus de leur comportement que de l'état de leur cœur. Effectivement, ils accordaient trop de valeur à leurs propres normes, tout en sous-estimant celles de Dieu et en présumant qu'ils pourraient acquérir la justice par leur propre moralité et leurs réalisations religieuses.

Paul dit que leur ignorance les portait à agir ainsi, car « ne connaissant pas la justice de Dieu, et cherchant à établir leur propre justice, ils ne se sont pas soumis à la justice de Dieu » (Ro 10.3). Ils ne saisissaient pas que les bonnes œuvres ainsi que les sacrifices ne nous attirent pas la faveur de Dieu (1 S 15.22 ; Ps 40.7-9), et que la vie du Christ a mis fin à la loi et a accompli la justice nécessaire au salut de tous ceux qui croient. Ils ne comprenaient pas que le Christ libère le pécheur croyant et pénitent de la condamnation de la loi. Ils essayaient d'accomplir leur propre justice par la loi (Ro 10.5). Cependant, dans sa lettre aux Galates, Paul énonce en termes clairs que les œuvres de la loi n'offrent aucun espoir de justice ou de salut : « Car tous ceux qui s'attachent aux œuvres de la loi sont sous la malédiction ; car il est écrit : Maudit est quiconque n'observe pas tout ce qui est écrit dans le livre de la loi, et ne le met pas en pratique. Et que nul ne soit justifié devant Dieu par la loi, cela est évident, puisqu'il est dit : Le juste vivra par la foi » (Ga 3.10,11). En mettant son espoir dans sa propre capacité de respecter les exigences de la loi parfaite de Dieu, on s'attire la colère divine et on scelle sa propre condamnation.

Il est frappant de constater que ce chapitre sur la nécessité de la foi (Romains 10) suit immédiatement le chapitre 9, qui met en relief la souveraineté divine. La déclaration de Romains 9.15 : « Je ferai miséricorde à qui je fais miséricorde et j'aurai compassion de qui j'ai compassion » ne semble pas s'harmoniser facilement avec la foi dont Paul traite au chapitre 10. Considérez ce qu'il rapporte dans 10.11-13 : « Quiconque croit en lui ne sera point confus. Il n'y a aucune différence, en effet, entre le Juif et le Grec, puisqu'ils ont tous un même Seigneur, qui est riche pour tous ceux qui l'invoquent. Car quiconque invoquera le nom du Seigneur sera sauvé. » Dans l'esprit de Paul et dans toute la Parole de Dieu, ces deux vérités portant sur la nécessité du salut – l'une qui souligne l'importance de la souveraineté de Dieu et l'autre qui déclare formellement la responsabilité des pécheurs – sont montrées côte à côte sans mise en garde ni explication.

Paul ajoute même un troisième élément du salut : notre *devoir évangélique*. Il écrit : « Car quiconque invoquera le nom du Seigneur sera sauvé. Comment donc invoqueront-ils celui en qui ils n'ont pas cru ? Et comment croiront-ils en celui dont ils n'ont pas entendu parler ? Et comment en entendront-ils parler, s'il n'y a personne qui prêche ? Et comment y aura-t-il des prédicateurs, s'ils ne sont pas envoyés ? Selon qu'il est écrit : Qu'ils sont beaux les pieds de ceux qui annoncent la paix, de ceux qui annoncent de bonnes nouvelles ! » (v. 13-15.) Pour comprendre l'œuvre merveilleuse du salut, il faut tenir compte de ces trois principes : la souveraineté divine, la responsabilité humaine et notre devoir évangélique. « Et comment en entendront-ils parler, s'il n'y a personne qui prêche ? Et comment y aura-t-il des prédicateurs, s'ils ne sont pas envoyés ? selon qu'il est écrit : Qu'ils sont beaux les pieds de ceux qui annoncent la paix, de ceux qui annoncent de bonnes nouvelles ! » Paul comprend que le moyen essentiel de joindre souveraineté divine et responsabilité humaine est notre devoir évangélique, la proclamation de la vérité.

Voilà un autre élément mystérieux de son plan souverain. Dieu pourrait simplement prendre d'assaut le cœur et l'esprit de ceux qu'il décide de sauver, mais il n'agit pas ainsi. Son plan ne se conforme pas au raisonnement humain et boiteux. Dans son dessein divin, une foi obéissante doit répondre à sa grâce imméritée. Une fois racheté, son peuple peut alors jouir du grand privilège de proclamer la grâce de Dieu aux autres. Dieu aurait pu choisir tout autre moyen de communiquer son Évangile au monde ; mais pour des raisons que nous ne pouvons pas pleinement saisir, il nous a choisis pour le faire.

La vérité toute simple, c'est que nous devons adorer Dieu et nous contenter de le comprendre dans la mesure où il nous le permet. Nous ne pouvons rien demander de plus. Nous ne devons pas bêtement penser que nous méritons plus et même imaginer que nous pourrions lui présenter des suggestions sur sa manière de s'expliquer à notre satisfaction. Nous devrions être occupés à le bénir, à l'aimer de tout notre cœur, de toute notre âme, de tout notre esprit et de toutes nos forces, éperdus d'émerveillement, d'amour et de louanges.

C'est exactement ce que Paul fait, à la fin du chapitre 11 de Romains, où il exulte : « Ô profondeur de la richesse, de la sagesse et de la science de Dieu ! Que ses jugements sont insondables, et ses voies incompréhensibles ! » (v. 33.) Dans l'étude de la souveraineté de Dieu, nous devrions tous en arriver là, c'est-à-dire accepter que nous ne pourrons jamais connaître et comprendre pleinement la pensée de Dieu. Le Psaume 139.6 nous rappelle ceci : « Une science aussi merveilleuse est au-dessus de ma portée, elle est trop élevée pour que je puisse la saisir. » Les voies de Dieu sont insondables.

Du même souffle, nous devons toutefois reconnaître notre attachement à ces riches vérités. Nous aimons la vérité de la souveraineté divine. Nous adoptons la vérité sur la responsabilité humaine. Et nous chérissons notre devoir évangélique.

La souveraineté de Dieu est une des nombreuses vérités révélées dans les Écritures, qui sont inconcevables, incompréhensibles, incommensurables et insondables. Il est futile d'espérer que Dieu nous en ait révélé plus (ou expliqué davantage) à propos de sa souveraineté tout en nous laissant notre libre arbitre. De toute manière, des explications additionnelles ne répondraient pas nécessairement à toutes nos questions. Certaines vérités (comme le concept évident, mais combien incompréhensible de l'éternité) ne peuvent qu'être acceptées et admirées ; elles ne peuvent pas être condensées ou enveloppées dans un emballage qui convient au cerveau humain.

Paul résume ce principe dans une question rhétorique : « Qui a connu la pensée du Seigneur ? » (Ro 11.34.) Cela devrait nous inciter à réfléchir dans notre quête de réponses. Nous ne ferons jamais le tour de Dieu avec nos facultés limitées. La souveraineté de Dieu est une vérité qui devrait provoquer en nous de l'admiration et de l'adoration. Ce qui ressort clairement, c'est que Dieu est complètement souverain, et qu'il n'utilise jamais sa souveraineté de façon à ce qu'elle entre en conflit ou qu'elle rivalise avec sa droiture, sa grâce et sa justice.

Chapitre trois

LE DIEU DE LA BIBLE EST BON ET PUISSANT

Une des excuses les plus communes qu'invoquent ceux qui rejettent le Dieu de la Bible est la question du mal dans le monde. Les sceptiques et les théologiens libéraux demandent : « Comment le Dieu présenté dans la Bible comme étant bon, saint et aimant peut-il permettre autant d'injustice et de mal dans le monde ? » D'autres s'enquièrent : « Comment un Dieu tout-puissant peut-il à la fois être aimant *et* tolérer tous les effets du mal qui infligent tant de souffrances dans le monde ? » D'ailleurs, plusieurs sceptiques et théologiens libéraux croient que ce dilemme met les chrétiens dans une position impossible.

Leur argumentation se résume en un raisonnement simpliste : « Le Dieu de la Bible est aimant, bienveillant, saint, omniscient, infiniment sage et souverainement omnipotent, et il a créé toutes choses dans l'univers. Si un tel Dieu existe, tout devrait être parfait et bon. Puisqu'il est évident qu'il y a beaucoup de mal sur la terre, alors le Dieu de la Bible n'existe pas. »

Néanmoins, la présence du mal contredit-elle vraiment l'existence du Dieu de la Bible ? De tels arguments suffisent-ils à renverser le christianisme biblique ?

Le problème du mal

En réalité, ce raisonnement démontre que l'on n'a pas compris l'enseignement des Écritures au sujet du mal. Il prouve seulement que celui qui tient ce genre d'argument n'a pas beaucoup lu la Bible ou ne reconnaît tout simplement pas l'autorité de la Parole de Dieu.

Il n'empêche qu'une telle argumentation accule de nombreux chrétiens évangéliques au pied du mur. Ils voient le problème du mal comme « un quatrième essai et 40 verges à franchir » (pour employer des termes de football nord-américain). Ils croient que leur seule option de jeu consiste à faire un botté de dégagement : d'envoyer l'argument le plus loin possible. Ils chercheront peut-être à s'en sortir en citant Deutéronome 29.29 qui dit : « Les choses cachées sont à l'Éternel, notre Dieu. »

Pourtant, fournit-on au problème du mal une réponse fondée sur la Bible en faisant appel au mystère ? Pas du tout. En réalité, donner une telle réponse nous prive d'une merveilleuse opportunité d'expliquer l'Évangile. L'existence du mal n'est pas un sujet qui devrait déconcerter les chrétiens. La raison pour laquelle Dieu permet le mal dans le monde se trouve dans la Bible. On peut la connaître, on peut entièrement l'adopter et on peut en profiter. De plus, ce n'est pas une réponse succincte et insatisfaisante. Elle tient entièrement compte de la bienveillance, de l'omnipotence, de la sainteté et de la sagesse de Dieu, et elle exalte sa gloire. À vrai dire, la réponse au problème du mal commence et se termine avec Dieu et sa gloire.

Cette branche de la théologie se nomme la « théodicée ». Ce terme dérive de deux mots grecs : *theos* qui veut dire « Dieu » et *dikaioo*, qui signifie « justifier » ou « déclarer juste ». La théodicée est la justification de la bonté de Dieu en dépit du mal qui existe dans le monde qu'il a créé.

Cependant, au sein même de la théodicée, il existe maintes interprétations erronées du problème du mal. Les théologiens libéraux essaient de détacher Dieu de ce qu'ils pensent être une caricature de ce dernier dans la Bible. Essentiellement, ils nient ce que la Bible affirme au sujet de Dieu et cherchent à présenter leur propre version d'une divinité plus vraie et bienveillante. Ce nouveau dieu ressemble à une poupée de carton maintenue au moyen d'attaches parisiennes, faite de matériaux récupérés traduisant la personnalité et les préférences de ses artisans, puis colorée pour refléter leurs valeurs et leur moralité. En d'autres mots, ces théologiens se fabriquent un dieu à leur image.

Certains théologiens, parmi ceux qui défendent la théologie du processus, insistent pour dire que la présence du mal prouve que Dieu lui-même est imparfait. Ils prétendent que son savoir et sa sagesse sont en quelque sorte limités. Ils supposent que Dieu évolue constamment, et qu'il devient meilleur à mesure qu'il acquiert de nouvelles informations.

De la même manière, le « théisme ouvert », aussi appelé « théologie ouverte », limite la connaissance de Dieu. Le théisme ouvert suppose que Dieu ne doit pas connaître l'avenir, étant donné que l'avenir recèle d'innombrables possibilités qui demeurent inconnues tant qu'elles ne se sont pas matérialisées. Dans le meilleur des cas, un tel dieu pourrait prédire les différentes issues, attendre de voir si elles se produiront, pour ensuite y répondre en conséquence. Ces théologiens ont essentiellement créé un dieu sans omniscience, dont l'excuse pour tolérer l'existence du mal est sa propre ignorance.

Le point que toutes ces théologies aberrantes ont en commun, c'est qu'elles se centrent sur l'homme ; elles sont déterminées à montrer que la nature de Dieu ne peut pas et ne devrait pas offenser les sensibilités humaines. Leur Dieu doit cadrer avec leurs propres présuppositions et leurs préférences. Elles veulent déterminer qui est Dieu et à quoi il ressemble, au lieu de croire en ce qu'il a révélé de lui-même. En fait, elles se sont placées au-dessus de Dieu.

La théodicée métaphysique constitue une autre réponse erronée au problème du mal, car elle affirme que si le bien existe, alors le mal *doit* exister, parce qu'une réalité doit avoir son opposé. Le mal est donc inévitable simplement parce que le bien est une réalité, et que chaque yin doit avoir son yang. Ceci n'est qu'une version moderne du zoroastrisme ou du manichéisme, deux hérésies dualistes anciennes qui enseignent que le bien et le mal, deux réalités indépendantes qui coexistent depuis toujours, sont toujours présents. Autrement dit, on croit que le bien et le mal sont également définitifs. Selon les Écritures, le mal n'est toutefois pas une réalité éternelle. Il n'existait pas avant que les créatures de Dieu ne se rebellent contre leur Créateur. De plus, le mal sera renversé et éliminé à la fin, de sorte que l'éternité à venir en sera libre. On ne peut pas affirmer cet aspect de la théologie biblique et en même temps adopter la théodicée métaphysique.

La prochaine catégorie des théodicées, celle de l'autonomie, est la plus populaire parmi les chrétiens évangéliques d'aujourd'hui. La théodicée de l'autonomie enseigne que la cause du mal est l'abus du libre arbitre de la créature. Cette démarche est sentimentale à souhait. Elle repose sur l'hypothèse que Dieu ne décréterait jamais le mal et qu'il n'imposerait pas à sa création un plan qui déclencherait autant de misère dans le monde. Ses tenants s'imaginent, de toute évidence, que le libre arbitre humain l'emporte sur tout ce qui se trouve sur l'échelle de valeurs de Dieu. Ils prétendent donc que Dieu n'avait d'autre choix que celui de permettre le mal afin de respecter l'autonomie tant prisée de ses créatures. Cette idée est parfois exprimée de cette façon : « Dieu souhaite que nous l'aimions de nous-mêmes et non parce qu'il nous y pousse. » Certaines personnes, qui ne peuvent pas vivre avec l'idée d'un Dieu qui permet volontairement le mal ou qui choisit souverainement qui il veut sauver, le réinventent pour qu'il reflète leurs priorités. Cela signifie qu'elles insistent sur le mérite et la valeur de leur libre arbitre, un concept qui, bien franchement, ne se trouve nulle part dans la Bible.

La difficulté la plus flagrante de l'argument de l'autonomie humaine est probablement le fait qu'elle ne règle aucun des problèmes que la théodicée est censée résoudre. Même si elle existait dans ce sens, l'autonomie humaine ne donnerait pas raison à Dieu vu le point de départ de son raisonnement. De même, l'autonomie humaine ne répond pas aux objections que soulèvent les gens qui s'opposent à la doctrine de la souveraineté, car si Dieu savait d'avance que ses créatures pécheraient, il a mis le plan en action de toute manière. Le mal, le jugement divin et la détermination de la punition éternelle ont donc été ordonnés par son choix, parce qu'il a mis en mouvement tous ces événements, tout en étant pleinement conscient des conséquences.

Par conséquent, toutes ces différentes théodicées sont vouées à l'échec et n'offrent que des réponses étriquées. Si Dieu ne possède qu'une connaissance et un pouvoir limités, il n'est donc pas aux commandes de l'univers à son heure la plus cruciale. De plus, si Dieu n'est pas vraiment omniscient, comment être certain qu'il possède les connaissances nécessaires pour lutter contre le mal et en triompher une fois pour toutes ? Pourquoi préférer un Dieu qui essaie de vaincre le mal à un Dieu qui le maîtrise parfaitement ? C'est une hérésie que de parler d'un monde rempli de méchanceté en ne prenant pas en compte le dessein prédéterminé de Dieu.

Le même raisonnement s'applique à toutes les réponses énoncées pour expliquer la présence du mal dans le monde : elles échouent parce qu'elles cherchent à concilier l'existence de Dieu et du mal de manière à satisfaire les incrédules. Ces réponses cherchent à atténuer certaines vérités bibliques (afin d'accommoder les philosophies et les conceptions du monde ouvertement hostiles à Dieu et à sa Parole) et circonscrire la bonté et le pouvoir de Dieu aux limites des esprits non éclairés (voir 1 Co 1.18 ; 2.14).

Explication au lieu d'accommodation

J'aimerais poursuivre selon une autre forme de logique – une logique qui vise à expliquer l'existence du mal plutôt qu'à s'en accommoder. Ce qui veut dire que nous devons traiter le sujet avec ce que nous tenons pour vrai.

Nous allons débuter là où la Bible commence, c'est-à-dire avec Dieu. Il s'est révélé lui-même comme étant tout-puissant, omniscient, infiniment bon et en tous points glorieux. Le connaître, c'est croire en lui comme il s'est lui-même révélé. Ceux qui doutent de son caractère ou qui le méprisent ne le connaissent pas du tout et, tout au mieux, ils ne font que s'agiter dans des ténèbres spirituelles pour expliquer quelque chose qu'ils ne connaîtront jamais. « Or, sans la foi, il est impossible de lui être agréable ; car il faut que celui qui s'approche de Dieu croie que Dieu existe, et qu'il est le rémunérateur de ceux qui le cherchent » (Hé 11.6).

Gardant cette vérité à l'esprit, que savons-nous du mal ?

Premièrement, nous savons que le mal existe. La plupart des gens, même ceux qui croient que l'homme est foncièrement bon, croient en la présence du mal. Le mal est un fait incontestable et se présente sous différentes formes. D'abord, il y a le *mal naturel*. Il est impersonnel, externe, physique et temporel. Il inclut les maladies, les désastres, les catastrophes, les mauvaises herbes, les intempéries, les bactéries et tout le reste. Le monde naturel est entièrement sous l'effet de la malédiction et en subit les conséquences ; nous vivons à la merci d'une création déchue. La corruption physique n'épargne aucun aspect de la vie ; même le processus du vieillissement prouve que le mal naturel existe.

Ensuite, il y a le *mal moral*. Le mal moral est personnel, il est en nous et il est spirituel. C'est la méchanceté, le péché, la transgression de la loi de Dieu (1 Jn 3.4). Les Écritures déclarent sans ambages que le mal moral domine la vie humaine. « Il n'y a point de juste, pas même un seul » (Ro 3.10). « Les pensées du cœur de l'homme sont mauvaises dès sa jeunesse » (Ge 8.21). « Mais chacun est tenté quand il est attiré et amorcé par sa propre convoitise. Puis la convoitise, lorsqu'elle a conçu, enfante le péché ; et le péché, étant consommé, produit la mort » (Ja 1.14,15). De même que toute la création porte les cicatrices du mal naturel, la société est envahie par le mal moral et la corruption. Chacun en est affecté ainsi que chaque relation, dans tous les domaines. Les relations humaines peuvent être très difficiles à entretenir parce qu'elles ne sont que des interactions entre personnes immorales. De lui-même, le mal moral suffirait à tous nous engloutir, mais il y plus encore.

Enfin, il y a le *mal surnaturel* : le mal démoniaque. Notre Seigneur a dit un jour aux leaders juifs : « Vous avez pour père le diable » (Jn 8.44). Au verset 19 de 1 Jean 5, l'apôtre Jean dit ceci : « [...] le monde entier est sous la puissance du malin ». Il s'agit d'une expression surnaturelle du mal contre lequel nous luttons. Par ailleurs, l'apôtre Paul dit : « Car nous n'avons pas à lutter contre la chair et le sang, mais contre les dominations, contre les autorités, contre les princes de ce monde de ténèbres, contre les esprits méchants dans les lieux célestes » (Ép 6.12). Ces anges infâmes et déchus sont aussi vieux que la création. Ils propagent la méchanceté sans retenue, et ils ont exercé leur mal surnaturel contre toutes les générations depuis la création. On leur a délégué une autorité temporaire sur la terre, mais elle est néanmoins redoutable. Ils utilisent leur pouvoir pour séduire et tromper ; ils créent un genre de cosmos pour mieux exploiter et exacerber la corruption qui est déjà en nous.

Deuxièmement, nous savons que le Dieu de la Bible existe. Il n'y a pas d'autre dieu que le Dieu de la Bible. Il est le seul Dieu vivant et vrai. Parce qu'il a créé l'univers, il connaît son fonctionnement. Il comprend parfaitement la réalité. Les Écritures nous le révèlent comme étant tout-puissant, omniscient, bon, aimant et saint. Il est souverain et domine absolument sur toutes choses. Rien de ce qui existe, de ce qui arrive ou de ce qui arrivera n'échappe à son emprise. Maintes et maintes fois, les Écritures en témoignent :

À toi, Éternel, la grandeur, la force et la magnificence, l'éternité et la gloire, car tout ce qui est au ciel et sur la terre t'appartient ; à toi, Éternel, le règne, car tu t'élèves souverainement au-dessus de tout ! C'est de toi que viennent la richesse et la gloire, c'est toi qui domines sur tout, c'est dans ta main que sont la force et la puissance, et c'est ta main qui a le pouvoir d'agrandir et d'affermir toutes choses (1 Ch 29.11,12).

Notre Dieu est au ciel, il fait tout ce qu'il veut (Ps 115.3).

Tous les habitants de la terre ne sont à ses yeux que néant :
il agit comme il lui plaît avec l'armée des cieux et avec les
habitants de la terre, et il n'y a personne qui résiste à sa
main et qui lui dise : Que fais-tu ? (Da 4.35.)

Ainsi, les Écritures affirment clairement la souveraineté de
Dieu. Il a le droit de gouverner l'univers qu'il a fait comme il
l'entend, et c'est ce qu'il fait. Il a les droits du potier sur l'argile. Il
peut façonner de l'argile l'objet qu'il décide de faire et lui donner
la forme qu'il veut. Aucune loi ne lui est imposée.

Sachez donc que c'est moi qui suis Dieu, et qu'il n'y a point
de dieu près de moi ; je fais vivre et je fais mourir, je blesse
et je guéris, et personne ne délivre de ma main (De 32.39).

L'Éternel lui dit : Qui a fait la bouche de l'homme ? Et
qui rend muet ou sourd, voyant ou aveugle ? N'est-ce pas
moi, l'Éternel ? (Ex 4.11.)

Qui dira qu'une chose arrive, sans que le Seigneur l'ait
ordonnée ? N'est-ce pas de la volonté du Très-Haut que
viennent les maux et les biens ? (La 3.37,38.)

Car il dit, et la chose arrive ; il ordonne, et elle existe.
L'Éternel renverse les desseins des nations, il anéantit les
projets des peuples ; les desseins de l'Éternel subsistent
à toujours, et les projets de son cœur, de génération en
génération (Ps 33.9-11).

L'Éternel a établi son trône dans les cieux, et son règne
domine sur toutes choses (Ps 103.19).

L'Éternel des armées a pris cette résolution : qui s'y oppo-
sera ? Sa main est étendue : qui la détournera ? (És 14.27.)

L'Éternel fait mourir et il fait vivre, il fait descendre au
séjour des morts et il en fait remonter. L'Éternel appauvrit
et il enrichit, il abaisse et il élève. De la poussière il retire le
pauvre, du fumier il relève l'indigent, pour les faire asseoir
avec les grands. Et il leur donne en partage un trône de
gloire ; car à l'Éternel sont les colonnes de la terre, et c'est
sur elles qu'il a posé le monde (1 S 2.6-8).

Dieu parle de lui-même en termes clairs et dénués de toute
ambiguïté. Il est souverain sur tout ce qui existe, incluant le
mal. Dans Apocalypse 4.11, ceux qui sont réunis dans la salle
du trône au ciel adorent Dieu en disant : « Tu es digne, notre
Seigneur et notre Dieu, de recevoir la gloire, l'honneur et la
puissance ; car tu as créé toutes choses, et c'est par ta volonté
qu'elles existent et qu'elles ont été créées. » Voilà le Dieu de la
Bible. C'est le Dieu qui a la domination absolue de tout ce qui
existe ; rien ne peut perturber ou faire échouer son dessein – pas
même le péché ni le mal.

La rébellion de Satan et de ses anges n'a pas pris Dieu par
surprise, et la chute d'Adam et Ève ne l'a pas obligé à passer du
plan A au plan B. Dans Ésaïe 46.9,10, il précise que ses plans vont
toujours se concrétiser : « Souvenez-vous de ce qui s'est passé dès
les temps anciens ; car je suis Dieu, et il n'y en a point d'autre, je
suis Dieu, et nul n'est semblable à moi. J'annonce dès le commencement ce qui doit arriver, et longtemps d'avance ce qui n'est pas
encore accompli ; je dis : Mes arrêts subsisteront, et j'exécuterai
toute ma volonté. » Voilà le Dieu qui existe.

Troisièmement, nous savons que Dieu est absolument parfait, entièrement pur de tout péché. Dans le Psaume 5.5, David écrit : « Car tu n'es point un Dieu qui prenne plaisir au mal ; le méchant n'a pas sa demeure auprès de toi. » Dieu n'est pas sujet aux tentations du péché (Ja 1.13). Nous savons que Dieu est lumière, et qu'il n'y a point en lui de ténèbres (1 Jn 1.5).

Ces trois faits – que le mal existe, que Dieu est souverain et qu'il est absolument saint et juste – nous amènent à une conclusion inévitable : c'est que Dieu, dans sa sagesse souveraine, permet au mal d'exister sans pour autant être méchant lui-même. Comme autorité suprême sur toute la création, Dieu permet au mal d'exister ; il ne fait pas que se résigner à l'accepter. Le mal fait partie de son dessein et de son décret éternel. Le mal a sa raison d'être pour Dieu, et son objectif est louable et bon.

La notion que Dieu peut utiliser le mal à bon escient provoque l'affolement dans le cœur des gens qui n'ont pas bien réfléchi à l'omnipotence souveraine de Dieu. Ils ne peuvent s'imaginer que Dieu peut se glorifier et atteindre ses objectifs en permettant au mal d'exister dans son univers. Ils s'imaginent, à tort, que si Dieu a souverainement décrété un monde qui pouvait être maudit par le mal, il doit être l'instigateur de ce mal. Ils supposent injustement que si Dieu ne sauve qu'une partie des pécheurs, il doit porter la responsabilité morale de ce fait. Ils ne veulent pas que l'on reproche à Dieu toutes les mauvaises choses qui arrivent. Et n'ayant pas considéré adéquatement la souveraineté de Dieu, et tout ce qu'elle comporte, ils présument que la seule façon de le justifier, c'est de le réinventer. Bien sûr, ils ne veulent pas insinuer qu'il n'est ni bon, ni aimant, ni saint, ni omniscient. Par conséquent, leur logique boiteuse les force à conclure qu'il doit y avoir une limite à sa suprématie. Certains, comme nous l'avons vu, vont jusqu'à douter qu'il puisse avoir la puissance d'arrêter le mal. D'autres pensent qu'il en a la puissance, mais qu'il s'impose une limite dans son utilisation. Ils s'imaginent que la seule façon d'éviter à Dieu une mauvaise presse, c'est d'accorder au libre arbitre humain une place prépondérante.

Pourtant, les Écritures enseignent clairement que Dieu, bien qu'il ne soit pas l'auteur ni la cause active du mal, le maîtrise. Il n'approuve le mal d'aucune manière, ni ne le ratifie, ni ne le regarde favorablement, ni ne lui donne sa bénédiction, ni ne s'en délecte. Cependant, rien ne se passe sans être soumis à sa souveraineté. Considérons le cas de Job : Dieu a laissé le champ libre à Satan pour qu'il lui impose de terribles épreuves. Toutes les souffrances que Job a endurées de la main de Satan sont arrivées sous l'autorité du Seigneur ; aucune d'elles n'est survenue en dehors du dessein ou du pouvoir de Dieu. Rien de tout cela n'aurait pu arriver, si Dieu ne l'avait sciemment permis.

Nous pouvons voir un parallèle à ce fait dans le Nouveau Testament quand Jésus dit à Pierre : « Simon, Simon, Satan vous a réclamés pour vous cribler comme le froment. Mais j'ai prié pour toi, afin que ta foi ne défaille point ; et toi, quand tu seras revenu, affermis tes frères » (Lu 22.31,32). À la place de Pierre, j'aurais répondu : « Bien, j'espère que tu lui as dit non, hein ! » Jésus a toutefois accordé sa permission à Satan, sachant que Pierre serait fortifié, et non défait, par l'épreuve, et qu'après avoir enduré l'adversité, Pierre utiliserait ses grandes qualités de leader pour fortifier les autres disciples.

De façon similaire, l'apôtre Paul a enduré les agressions de Satan. Dans 2 Corinthiens 12.7 Paul dit : « Et pour que je ne sois pas enflé d'orgueil, à cause de l'excellence de ces révélations, il m'a été mis une écharde dans la chair, un ange [*messager*] de Satan pour me souffleter et m'empêcher de m'enorgueillir. » Il est évident que le texte parle bien d'un ange, dans le sens d'un porteur de message, un démon. Paul n'était pas possédé par un démon ; en revanche, le démon incitait les faux prophètes à saccager le travail de Paul auprès des disciples de Corinthe. Paul a prié à trois reprises pour que Dieu écarte ce démon, mais le Seigneur ne l'a pas fait. Paul répète deux fois que Dieu n'avait pas exaucé sa prière parce qu'il voulait l'empêcher de s'enorgueillir (v. 7). Afin d'accomplir son dessein, Dieu peut utiliser un démon pour entraîner un faux enseignant à soulever des difficultés dans une Église trop complaisante ou pour corriger un pasteur. Par son leadership souverain, Dieu peut se servir de tout pour accomplir sa volonté. Quand nous regardons la chose selon les faits bibliques, nous voyons que le problème du mal n'en est pas un pour Dieu, parce qu'il est totalement souverain, et que les forces du mal ne menacent ni son pouvoir ni sa gloire.

Pour sa gloire et pour notre bien

La vraie question à se poser maintenant est : *pourquoi* ? Tout d'abord, pourquoi Dieu a-t-il permis la présence du mal ? Pourquoi a-t-il souverainement et de son plein gré permis au mal d'infecter et de corrompre sa création ? À quoi contribue la présence du mal dans le déroulement et la réalisation de son plan conçu d'avance ?

Dans son épître aux Romains, Paul donne la réponse. Il écrit : « Mais si notre injustice établit la justice de Dieu, que dirons-nous ? » (Ro 3.5.) Notre injustice démontre (en grec *sunistemi*) la justice de Dieu. Dans le contexte de Romains, Paul expose la fidélité de Dieu à tenir ses promesses envers Israël malgré les péchés et l'incrédulité du peuple. La justice de Dieu paraît véritablement glorieuse lorsqu'on la compare avec la méchanceté et la rébellion d'Israël. En fin de compte, nous ne pourrions pas apprécier à sa juste valeur la gloire de la justice de Dieu si nous ne connaissions pas autant les mauvais fruits de l'injustice.

Ainsi, l'injustice met en valeur la justice de Dieu. Paul ajoute : « Mais Dieu prouve son amour envers nous, en ce que, lorsque nous étions encore des pécheurs, Christ est mort pour nous » (Ro 5.8). La présence du péché permet à Dieu de démontrer sa justice et son amour. Comment pourrait-il démontrer le caractère de son grand amour, par lequel il sauve ses ennemis et des pécheurs, en l'absence d'ennemis et de pécheurs ? « Et que dire, si Dieu, voulant montrer [*en grec,* endeiknumi] sa colère et faire connaître sa puissance, a supporté avec une grande patience des vases de colère prêts pour la perdition ? » (Ro 9.22.) Il démontre sa justice avec pour toile de fond le péché et le mal, afin de nous faire voir, en contraste, à quel point il est totalement saint. Dieu démontre son amour à un degré tel qu'il ne serait pas possible de le faire sans la présence du péché. Nous voyons et apprécions plus le rayonnement et la splendeur de son amour en ayant enduré les ténèbres et la détresse d'un univers maudit par le mal. « Le peuple qui marchait dans les ténèbres voit une grande lumière ; sur ceux qui habitaient le pays de l'ombre de la mort une lumière resplendit » (És 9.1). La présence du mal fournit à Dieu l'occasion idéale de démontrer sa colère et sa justice, de même que sa grâce rédemptrice et sa miséricorde infinie, car il a suffisamment aimé les pécheurs pour envoyer son Fils mourir à leur place.

La démonstration de la justice de Dieu et de sa colère avec comme toile de fond le mal n'est pas uniquement pour notre bénéfice. Le mot « démontrer » dans Romains 9.22 est un aoriste à la voix moyenne en grec. Une lecture littérale de ce verset donnerait : « Dieu a déterminé de démontrer pour *lui-même.* » Dieu démontre ses attributs par souci de montrer sa propre gloire. Sans le péché, la colère de Dieu n'aurait jamais été déployée. Sans pécheurs à racheter, la grâce de Dieu n'aurait jamais été déployée. Sans le mal à sanctionner, la justice de Dieu n'aurait jamais été déployée. Et Dieu a tous les droits de déployer éternellement toute la gloire de tous ses attributs.

D'un autre côté, Dieu n'éprouve aucun plaisir à la mort du méchant (Éz 33.11). Croyez-moi, Dieu hait le mal plus que nous, mais Paul affirme qu'il endure le péché avec patience. « Endurer » est un verbe passif. Dieu demeure passif devant les actions des agents du mal tout en demeurant souverain sur eux. Dieu endure cette horrible agression contre sa sainteté éternelle. Il endure cet horrible blasphème depuis le début de l'histoire de l'humanité déchue. Et pourquoi ? Dans un souci d'être glorifié.

Jude nous dit : « Car il s'est glissé parmi vous certains hommes, dont la condamnation est écrite depuis longtemps » (Jud 1.4). La condamnation éternelle de ces apostats a été écrite avant les débuts de l'Histoire. Dieu a prédéterminé l'existence du mal (bien qu'encore une fois, il n'en soit pas la cause efficiente). Il s'est exécuté ainsi dans le but de déployer la majesté de sa sainteté. L'injustice a marqué toute notre existence terrestre, et par nos péchés délibérés, nous y avons participé volontairement. N'eût été le fait de notre existence déchue, nous serions peu au courant de la justice éternelle de Dieu – et nous serions encore moins capables de lui en rendre gloire. N'eût été notre péché, nous serions inconscients de l'amour qu'il nous porte. Sans la réalité du jugement divin, nous serions incapables d'apprécier toute sa sainteté. Et si nous n'avions pas la capacité de voir Dieu briller contre l'arrière-plan du mal, une panoplie de ses attributs divins seraient grandement obscurcis à nos yeux par l'éclat même de sa gloire.

Dans Romains 9.23, Paul nous explique plus amplement la patience de Dieu quant au péché : « [...] il a voulu faire connaître la richesse de sa gloire envers des vases de miséricorde qu'il a d'avance préparés pour la gloire ». Dans Jude 1.4, la condamnation des apostats a été déterminée depuis longtemps, tandis que Paul dit ailleurs que les vases de miséricorde ont aussi été préparés d'avance. Voilà pourquoi l'Agneau a été immolé dès la fondation du monde (Ap 13.8). Il a accompli son œuvre afin de pouvoir rassembler au ciel une humanité rachetée qui le glorifiera éternellement pour tout ce qu'il est.

Le meurtre de Jésus-Christ est sans contredit le crime le plus odieux jamais commis. Cependant, puisqu'il fait partie du plan prédéterminé de Dieu, cet acte de méchanceté suprême est aussi une démonstration suprême de sa grâce, de sa miséricorde, de sa colère, de sa justice, de sa droiture et de ses innombrables attributs. Cette offense nous donne un aperçu du caractère d'amour de Dieu, que nous n'aurions pu entrevoir autrement. Et, en nous révélant ces aspects de sa nature, il nous incite à l'aimer et à le glorifier encore plus.

En bref, en tolérant le péché et le mal, Dieu obtient en retour plus de gloire.

Chapitre quatre

LE DIEU DE LA BIBLE
EST SAINT

Il nous est impossible de comprendre pleinement la sainteté de Dieu, mais il nous est possible de la connaître beaucoup mieux que maintenant. De façon générale, la connaissance que le milieu évangélique a de Dieu est superficielle au point d'être pitoyable. Trop de personnes professant croire en Dieu ne pensent à lui que de façon égocentrique et intéressée, et le rabaissent presque au génie de la lampe. D'autres se préoccupent plus de la dimension relationnelle de Dieu. Ils désirent qu'il soit bienveillant et accueillant – ils le voient plus comme un copain qu'un divin souverain. Cette façon superficielle de penser au Seigneur ouvre la porte à la confusion et à la corruption au milieu du peuple de Dieu et pervertit sa perception de son saint Sauveur et Seigneur.

En effet, la plupart des erreurs dominantes dans l'Église d'aujourd'hui viennent d'un manque de respect et d'appréciation de la sainteté de Dieu. Il est possible de se protéger de théologies erronées et d'hérésies simplement en cultivant une perspective biblique de la nature parfaitement sainte de Dieu.

Pour commencer, nous devons voir en sa sainteté quelque chose de plus qu'un autre attribut. A. A. Hodge a dit : « La sainteté de Dieu ne peut être conçue comme un de ses attributs parmi tant d'autres ; il s'agit plutôt d'un terme général représentant sa perfection accomplie et sa gloire totale. Elle est sa perfection morale infinie, couronnant son intelligence et sa puissance infinies[1]. » Thomas Watson a dit : « Sa sainteté est le joyau le plus étincelant de sa couronne ; c'est le nom par lequel Dieu est connu (Ps 111.9)[2]. » R. L. Dabney a écrit : « Ainsi, la sainteté divine ne doit pas être vue comme un attribut distinct, mais comme l'ensemble de tous les attributs moraux de Dieu [...] Sa sainteté est la parfaite synthèse de la gloire de sa nature en tant qu'Esprit infini, intelligent, moralement pur et actif[3]. » Dans Ésaïe 57.15, le prophète déclare : « Car ainsi parle le Très-Haut, dont la demeure est éternelle et le nom est saint. »

L'Être divin est totalement séparé de nous, et les Écritures expriment clairement cette vérité. Il *est* et nous sommes *en devenir*. Le mot hébreu pour sainteté est *qadosh* ; le mot grec est *hagios*. Les deux termes renvoient à une réalité qui est séparée et distincte. Par conséquent, rien dans toute la création ne se compare à Dieu dans sa nature essentielle. Il est entièrement différent de ses créatures, incomparable et d'une perfection infinie. C'est pourquoi on lit dans Exode 15.11 : « Qui est comme toi parmi les dieux, ô Éternel ? Qui est comme toi magnifique en sainteté ? » On lit encore dans 1 Samuel 2.2 : « Nul n'est saint comme l'Éternel ; il n'y a point d'autre Dieu que toi. » Le psalmiste dit : « Son nom est saint et redoutable » (Ps 111.9*b*).

La manifestation de la sainteté de Dieu

Il est difficile pour nous de faire la part des choses entre *être* et *devenir*. La perfection morale de Dieu et sa condition d'être sans péché sont fixes et immuables. À cet égard, sa sainteté diffère absolument de celle des saints, de ceux qui croient et sont graduellement transformés en l'image du Christ et dont la sanctification est toujours en progrès. Nous sommes dépouillés de notre ancienne nature pécheresse pour être affinés par l'œuvre du Saint-Esprit, afin d'être conformes à la justice de Dieu. Par contre, Dieu est, sera, et a toujours été complètement saint, parfait et totalement pur de toute souillure d'injustice. Le prophète Habakuk a écrit : « Tes yeux sont trop purs pour voir le mal, et tu ne peux pas regarder l'iniquité » (Ha 1.13). Job 34.10 dit ceci : « Loin de Dieu l'injustice, loin du Tout-Puissant l'iniquité ! » Ainsi, la sainteté de Dieu est unique, singulière et parfaite éternellement. Dans Apocalypse 15.4, l'apôtre déclare : « Car seul tu es saint. »

Les Écritures ne parlent pas simplement de la sainteté de Dieu, mais elles la *révèlent*. En réalité, chaque révélation de Dieu dévoile sa perfection morale. Nous pourrions étudier la sainteté de Dieu en étudiant la Création. Moïse rapporte qu'à la fin de la Création : « Dieu vit tout ce qu'il avait fait et voici, c'était très bon » (Ge 1.31). La Création reflétait l'essence même de sa nature. Les Écritures relatent qu'à la fin de chaque jour, Dieu attestait que sa création était bonne, mais que, lorsqu'il la vit dans sa totalité, il la déclara non seulement bonne, mais *très* bonne. De fait, Ecclésiaste 7.29 dit en parlant de l'homme : « Dieu a fait les hommes droits. » Évidemment, il ne pouvait faire autrement. Tout ce qui émanait de son être devait être parfait. Fait à son image, l'homme était sans péché.

Il est possible d'étudier la loi de Dieu et la révélation de sa perfection absolue. Dans le Psaume 19.8, David déclare : « La loi de l'éternel est parfaite. » Dans Romains 7.12, l'apôtre Paul dit : « La loi donc est sainte, et le commandement est saint, juste et bon. »

Il est aussi possible d'observer la sainteté de Dieu dans ses jugements. Tous les verdicts procédant de son trône divin sont saints. « Celui qui juge toute la terre n'exercera-t-il pas la justice ? » (Ge 18.25*b*.) Dans 2 Timothée 4.8, Paul parle de lui comme du « Seigneur, le juste juge ».

De plus, il est possible de considérer la sainteté de Dieu par un simple aperçu des réalités célestes. Dans Apocalypse 4, nous sommes projetés dans les cieux des cieux. Jean, saisi par l'Esprit, voyant un trône dans le ciel, le décrit en ces termes : « [...] et sur ce trône quelqu'un était assis. Celui qui était assis avait l'aspect d'une pierre de jaspe et de sardoine ; et le trône était environné d'un arc-en-ciel semblable à de l'émeraude » (v. 2,3). Et il ajoute :

Autour du trône je vis vingt-quatre trônes, et sur ces trônes vingt-quatre vieillards assis, revêtus de vêtements blancs, et sur leurs têtes des couronnes d'or. Du trône sortent des éclairs, des voix et des coups de tonnerre. Devant le trône brûlent sept lampes ardentes, qui sont les sept esprits de Dieu. Il y a encore devant le trône comme une mer de verre, semblable à du cristal. Au milieu du trône et autour du trône, il y a quatre êtres vivants remplis d'yeux devant et derrière. Le premier être vivant est semblable à un lion, le second être vivant est semblable à un veau, le troisième être vivant a la face d'un homme, et le quatrième être vivant est semblable à un aigle qui vole. Les quatre êtres vivants ont chacun six ailes, et ils sont remplis d'yeux tout autour et au-dedans. Ils ne cessent de dire jour et nuit :

Saint, saint, saint est le Seigneur Dieu, le Tout-Puissant, qui était, qui est, et qui vient ! (v. 4-8.)

Au ciel, lorsque la sainteté de Dieu est mentionnée en guise d'adoration, le mot est répété à trois reprises : « Saint, saint, saint » (voir És 6.3). Sans aucun doute, cette triple expression de louange fait allusion à la Trinité, mais elle met aussi en relief la distinction entière et absolue de la perfection morale de Dieu. Dieu ne peut que manifester ce qui est absolument saint, ce qui fait dire à Jacques : « [...] toute grâce excellente et tout don parfait descendent d'en haut, du Père des lumières, chez lequel il n'y a ni changement ni ombre de variation » (Ja 1.17). Il n'y a aucune fluctuation, aucun changement dans la sainteté absolue de Dieu. Il n'y a pas de lacune ni d'inconstance dans sa splendeur parfaite. Comme lui, son éclat suprême est inaltérable.

La sainteté et l'humanité

La manifestation la plus évidente de la sainteté de Dieu a été carrément mise en contraste avec les ténèbres les plus profondes. Dieu a révélé sa sainteté par l'Incarnation. Selon Jean, Jésus a été déclaré Dieu lorsqu'il est venu ici-bas. Dans Jean 1.18, l'apôtre écrit : « Personne n'a jamais vu Dieu ; Dieu le Fils unique, qui est dans le sein du Père, est celui qui l'a fait connaître. » Tout ce que l'on cherche à savoir sur Dieu est expliqué par la personne de Jésus. Hébreux 1 affirme ce qui suit :

Après avoir autrefois, à plusieurs reprises et de plusieurs manières, parlé à nos pères par les prophètes, Dieu, dans ces derniers temps, nous a parlé par le Fils ; il l'a établi héritier de toutes choses ; par lui il a aussi créé l'univers. Le

Fils est le reflet de sa gloire et l'empreinte de sa personne, et il soutient toutes choses par sa parole puissante (v. 1-3).

Dans Luc 1, Gabriel vient à Marie et lui annonce la grande nouvelle concernant la naissance du Fils de Dieu, le Christ. Comme il convenait à sa sainteté, son Incarnation serait unique.

L'ange lui dit : Ne crains point, Marie ; car tu as trouvé grâce devant Dieu. Et voici, tu deviendras enceinte, et tu enfanteras un fils, et tu lui donneras le nom de Jésus. Il sera grand et sera appelé Fils du Très-Haut, et le Seigneur Dieu lui donnera le trône de David, son père. Il régnera sur la maison de Jacob éternellement, et son règne n'aura point de fin. Marie dit à l'ange : Comment cela se fera-t-il, puisque je ne connais point d'homme ? L'ange lui répondit : Le Saint-Esprit viendra sur toi, et la puissance du Très-Haut te couvrira de son ombre. C'est pourquoi le saint enfant qui naîtra de toi sera appelé Fils de Dieu (v. 30-35).

L'Esprit et le Père, tous deux parfaitement saints, envoyèrent la sainte postérité : le Fils de Dieu. Il a été conçu de façon surnaturelle afin de protéger sa sainteté et de le garder distinct de la lignée d'Adam. Véritablement et entièrement homme, il n'a toutefois pas hérité de la nature déchue d'Adam, comme nous. L'ange dit à Marie : « Le Saint-Esprit viendra sur toi, et la puissance du Très-Haut te couvrira de son ombre. C'est pourquoi le saint enfant qui naîtra de toi sera appelé Fils de Dieu » (Lu 1.35). De façon similaire, l'ange dit à Joseph : « [...] l'enfant qu'elle a conçu vient du Saint-Esprit » (Mt 1.20). Comparez ces deux déclarations avec celle de David dans Psaume 51.7, dans lequel il déclare : « [...] ma mère m'a conçu dans le péché ».

Néanmoins, ce ne n'est pas seulement par sa naissance que le Christ s'est distingué. Examinons le récit du baptême du Seigneur dans l'Évangile selon Luc. L'évangéliste précise que le Père et le Saint-Esprit étaient présents, témoignant de la sainteté de Jésus-Christ. « Tout le peuple se faisant baptiser, Jésus fut aussi baptisé ; et, pendant qu'il priait, le ciel s'ouvrit, et le Saint-Esprit descendit sur lui sous une forme corporelle, comme une colombe. Et une voix fit entendre du ciel ces paroles : Tu es mon fils bien-aimé ; en toi j'ai mis toute mon affection » (Lu 3.21,22). Le Père est intervenu lors de cet événement pour attester la divinité et la perfection morale de son Fils. Comparez cette vérité avec l'ex-hortation de Pierre aux pécheurs dans Actes 2.38*a* : « Pierre leur dit : Repentez-vous, et que chacun de vous soit baptisé au nom de Jésus-Christ, pour le pardon de vos péchés. »

De plus, la sainteté du Christ a été révélée lors de sa mort. Dans 2 Corinthiens 5.21, Paul affirme : « Celui qui n'a point connu le péché, il l'a fait devenir péché pour nous, afin que nous devenions en lui justice de Dieu. » L'apôtre Pierre dit : « Vous savez que ce n'est pas par des choses périssables, par de l'argent ou de l'or, que vous avez été rachetés de la vaine manière de vivre que vous aviez héritée de vos pères, mais par le sang précieux de Christ, comme d'un agneau sans défaut et sans tache » (1 Pi 1.18,19). Sa sainteté est manifeste, que nous contemplions sa naissance, son baptême ou même sa mort.

Augustin considérait que l'utilisation du poisson (l'*ichthus*) comme signe de référence au Seigneur était appropriée et l'a justi-fiée en ces termes : « Il a été capable de vivre, c'est-à-dire d'exister, sans péché dans l'abysse de cette vie mortelle comme dans les profondeurs des eaux[4]. » Le Christ est descendu et s'est immergé dans notre monde corrompu. Le véritable test de sa sainteté n'était pas qu'il demeure saint au ciel, mais qu'il le reste sur la terre.

Et sa sainteté a perduré, malgré l'état lamentable du monde qui l'entourait. Dans Jean 8.46, Jésus dit : « Qui de vous me convaincra de péché ? » Dans Jean 14.30, Jésus dit de Satan : « [...] le prince du monde vient. Il n'a rien en moi ». Jésus déclarait non seulement que Satan n'avait pas d'emprise *sur* lui, mais également que rien *en* lui ne se conformait à Satan. Il n'y a jamais eu la moindre possibilité qu'il compromette sa sainteté.

Les théologiens utilisent communément deux phrases latines pour faire une différence importante dans leurs discussions sur l'impeccabilité du Christ. Il est à la fois *non posse peccare* (incapable de pécher) et *posse non peccare* (capable de ne pas pécher). Sa sainteté en tant qu'homme parfait ne résultait pas simplement d'une maîtrise de soi alimentée par un pouvoir surnaturel. Son impeccabilité absolue était un corollaire nécessaire du fait qu'il possédait tant la nature divine qu'humaine. En tant que Dieu incarné, le Christ ne pouvait pécher, pas plus que Dieu ne peut mentir et « Dieu [...] ne ment point » (Tit 1.2). « Car il ne peut se renier lui-même » (2 Ti 2.13). « Jésus-Christ est le même hier, aujourd'hui, et éternellement » (Hé 13.8). Sa sainteté divine, parfaite et immuable faisait en sorte qu'il lui était impossible de pécher – pas parce qu'il lui manquait les facultés humaines ou la faiblesse naturelle qui nous rend si vulnérables à la tentation, mais parce que sa répugnance envers le péché était absolue et que sa sainteté divine était suprêmement glorieuse.

Les Écritures sont chargées d'avertissements quant à la vie ici-bas ; contrairement à Jésus-Christ, nous sommes extrêmement sensibles à l'attrait du péché, même si nous sommes rachetés. Nous pouvons être dans la foi depuis plusieurs années et avoir étudié la Bible avec constance et depuis longtemps ; malgré tout, le danger nous guette à tout moment dans le monde dans lequel nous vivons. Nos vieilles habitudes, nos faiblesses humaines et nos désirs charnels persisteront jusqu'à ce que nous soyons complètement glorifiés. C'est la raison pour laquelle nous répondons si facilement par l'affirmative à Satan et au monde. Par conséquent, on doit nous rappeler régulièrement de ne *pas* aimer le monde. On doit nous rappeler de ne *pas* marcher selon le conseil des méchants, de ne *pas* nous arrêter sur la voie des pécheurs et de ne *pas* nous asseoir en compagnie des moqueurs (Ps 1.1). Ne pas tenir compte des avertissements répétés des Écritures aurait des conséquences désastreuses pour nous.

C'est pourquoi la sainteté du Christ constitue un tel encouragement pour nous. Bien que nous n'arrivions jamais à la hauteur de sa sainte perfection, nous devons voir le monde et ses tentations de la même façon qu'il les voyait. Dans Marc 7.18, Jésus dit : « Vous aussi, êtes-vous donc sans intelligence ? Ne comprenez-vous pas que rien de ce qui du dehors entre dans l'homme ne peut le souiller ? » Les tentations auxquelles Jésus était soumis importaient peu ; aucun facteur extérieur ne pouvait le souiller, parce que seul ce qui est dans le cœur souille. Et il ajoute : « Car c'est du dedans, c'est du cœur des hommes, que sortent les mauvaises pensées, les adultères, les débauches, les meurtres, les vols, les cupidités, les méchancetés, la fraude, le dérèglement, le regard envieux, la calomnie, l'orgueil, la folie. Toutes ces choses mauvaises sortent du dedans, et souillent l'homme » (v. 21-23).

Nous devons prendre le péché au sérieux. Paul a exhorté l'Église de Corinthe à mettre à l'écart de son assemblée l'homme qui péchait parce « qu'un peu de levain fait lever toute la pâte » (1 Co 5.6). Si elle permettait au péché de résider dans son sein en n'y remédiant pas, le péché la corromprait en entier. Voilà pourquoi il est important d'exercer la discipline dans l'Église. Dans ce monde misérable, notre existence est fragile. Nous devons veiller sur notre vie. Nous devons imposer la soumission à notre corps.

Nous devons préserver nos yeux. Nous devons interdire à nos pieds d'aller dans certains endroits. Nous devons rester à distance de certaines personnes. Dans ce monde, nous devons vivre notre vie avec circonspection pour ne pas nous retrouver piégés par la tentation et ruinés par le péché. Quand les gens me demandent ce qui m'attire du ciel, je leur réponds que ce ne sont pas les rues en or transparent ou les portes faites de perle, mais son absence de péché. Je suis las du péché.

Les mauvaises compagnies ne pouvaient pas corrompre le Christ

Non seulement la sainteté du Christ a-t-elle résisté sans broncher à la corruption du monde, elle s'est aussi tenue en présence de personnes viles et dépravées sans flancher. L'Évangile selon Luc nous rapporte que parmi ses proches associés – certains même d'entre ses disciples – se trouvaient des pécheurs tristement réputés. « Après cela, Jésus sortit, et il vit un publicain, nommé Lévi, assis au lieu des péages » (Lu 5.27). C'était Matthieu, un percepteur d'impôts sans importance. Il était un *mokhes*, pas un *gabbai* ; un tordeur de bras, pas un chef maffieux. Un *gabbai* était un gros bonnet parmi les collecteurs d'impôts ; il possédait une franchise régionale accordée par Rome et engageait de petits *mokhes* pour exécuter la sale besogne. La plupart du temps, ces *mokhes* s'assoyaient à la croisée des chemins et taxaient les roues des chariots, les bêtes de somme tirant une charrette, le courrier transporté, la marchandise achetée, et tout ce qu'ils pouvaient trouver à taxer. Ils extorquaient quelque chose à tout un chacun, non seulement pour rendre à Rome l'impôt exigé, mais aussi pour s'enrichir. Complices de Rome, ils opprimaient leur propre peuple. Par conséquent, ils avaient tous été bannis du Temple de Jérusalem et excommuniés des synagogues de chaque ville. Dans les faits, ils avaient échangé leur droit d'aînesse pour un potage de lentilles (voir Ge 25.29-34).

Jésus vint à Lévi, probablement la dernière personne sur terre que l'on choisirait pour en faire un disciple du Messie, et lui dit : « Suis-moi » (Lu 5.27). Lévi, quittant sa table de percepteur, se leva et le suivit. Le verset 29 raconte que Lévi donna un grand banquet dans sa maison, et qu'un grand nombre de ses compagnons percepteurs de taxes ainsi que d'autres pécheurs se réunirent chez lui. Ils étaient tous inclinés autour de la table et festoyaient allègrement. Des pharisiens, remplis de scrupules légalistes, s'en plaignirent aux disciples de Jésus. « Pourquoi mangez-vous et buvez-vous avec les publicains et les gens de mauvaise vie ? Jésus, prenant la parole, leur dit : Ce ne sont pas ceux qui se portent bien qui ont besoin d'un médecin, mais les malades » (v. 30,31).

Dans Matthieu 11.19, Jésus relève les critiques dont les gens l'affublent : « C'est un mangeur et un buveur, un ami des publicains et des gens de mauvaise vie. » Bien qu'il ait été l'ami des pécheurs, il n'a jamais adopté leurs vices ni leur style de vie. Il est resté parfaitement saint en toutes circonstances. Jésus est entré dans la salle d'hôpital la plus contagieuse de la planète, et il en est sorti indemne. Il était le remède vivant à toutes les maladies. Il répondit aux pharisiens : « Je ne suis pas venu appeler à la repentance des justes, mais des pécheurs » (Lu 5.32). Voilà le meilleur exemple de la sainteté de Jésus. Il pouvait fréquenter les gens les plus méprisables de la société sans se laisser influencer ou corrompre par eux. Au contraire, c'est lui qui influençait les autres favorablement.

Dans le septième chapitre de son Évangile, Luc nous donne un autre exemple de la sainteté irréprochable du Christ lors d'un autre repas, cette fois dans la demeure d'un pharisien. Jésus ne se formalisait pas d'être en compagnie d'un hypocrite suffisant.

Comme il l'avait fait ailleurs, avec d'autres pécheurs notoires, Jésus est entré dans la maison et a pris place à table. La plupart des maisons étaient ouvertes à tous lorsque des dignitaires y prenaient un repas ; on permettait aux gens de la communauté de se tenir à l'extérieur du cercle et d'écouter les conversations. Luc raconte : « Et voici, une femme pécheresse qui se trouvait dans la ville, ayant su qu'il était à table dans la maison du pharisien, apporta un vase d'albâtre plein de parfum » (Lu 7.37). Cette façon de faire était une pratique courante chez les prostituées. Dans Proverbes 7.17, Salomon décrit les prostituées qui parfument leur lit. Elle avait sûrement réussi comme prostituée, puisque son parfum était embouteillé dans un coûteux vase d'albâtre. Luc dépeint la scène quand elle s'est approchée du Christ :

[Elle] se tint derrière, aux pieds de Jésus. Elle pleurait ; et bientôt elle lui mouilla les pieds de ses larmes, puis les essuya avec ses cheveux, les embrassa, et les oignit de parfum. Le pharisien qui l'avait invité, voyant cela, dit en lui-même : Si cet homme était prophète, il saurait qui et de quelle espèce est la femme qui le touche, il saurait que c'est une pécheresse (Lu 7.38,39).

Le pharisien avait tiré cette conclusion à partir de sa propre expérience. Quel homme pécheur pouvait laisser une prostituée lui soigner ainsi les pieds, sans avoir de pensées illicites ? Cette femme n'a cependant pas été pour Jésus une source de corruption ou de tentation, car les Écritures rapportent : « Et il dit à la femme : Tes péchés sont pardonnés. Ceux qui étaient à table avec lui se mirent à dire en eux-mêmes : Qui est celui-ci, qui pardonne même les péchés ? Mais Jésus dit à la femme : Ta foi t'a sauvée, va en paix » (Lu 7.48-50).

Elle avait la réputation d'être une personne immorale et dépravée de la pire espèce, mais elle était en mission d'adoration repentante. Elle n'avait pas d'eau, alors elle a utilisé ses propres larmes. (Luther a dit de ses larmes qu'elles étaient de l'*Herzwasser* ou de « l'eau du cœur ».) La seule chose qui pouvait lui servir de linge était ses cheveux, c'est donc ce qu'elle a utilisé. Le seul présent qu'elle pouvait offrir était le parfum qu'elle employait pour ses relations immorales. Il n'a eu aucune influence sur Jésus-Christ, sinon celle de l'inciter à lui offrir sa miséricorde. Contrairement aux pharisiens et à l'élite religieuse, le Christ n'était pas sujet aux faiblesses de la chair. Les Écritures disent :

> Il nous convenait, en effet, d'avoir un souverain sacrificateur comme lui, saint, innocent, sans tache, séparé des pécheurs, et plus élevé que les cieux, qui n'a pas besoin, comme les souverains sacrificateurs, d'offrir chaque jour des sacrifices, d'abord pour ses propres péchés, ensuite pour ceux du peuple, car ceci il l'a fait une fois pour toutes en s'offrant lui-même. En effet, la loi établit souverains sacrificateurs des hommes sujets à la faiblesse ; mais la parole du serment qui a été fait après la loi établit le Fils, qui est parfait, pour l'éternité (Hé 7.26-28).

Face à face avec le Saint

Très peu d'humains ont eu un aperçu de la pleine manifestation de la sainteté et de la gloire de Dieu, et encore plus rares sont ceux qui ont vécu pour le raconter. Dans Ésaïe 6, le prophète de l'Ancien Testament nous emmène dans la salle du trône céleste. Le verset 1 établit le contexte en nous disant que c'est arrivé « l'année de la mort du roi Ozias ».

Ozias devint roi à l'âge de seize ans, et il régna cinquante-deux ans sous la bénédiction constante de Dieu. C'était un temps de paix et de prospérité extraordinaires en Juda ; c'était la meilleure époque (exception faite de l'ère du règne de Josaphat) depuis le temps de Salomon. Ozias pécha cependant en usurpant le rôle des sacrificateurs, et Dieu le punit en le frappant de lèpre. La maladie s'avéra fatale, et quand Ozias mourut, l'avenir devint sombre.

Ésaïe alla au Temple pour chercher Dieu et reçut une vision du ciel. Il écrit : « [...] je vis le Seigneur assis sur un trône très élevé, et les pans de sa robe remplissaient le temple. Des séraphins se tenaient au-dessus de lui ; ils avaient chacun six ailes ; deux dont ils se couvraient la face, deux dont ils se couvraient les pieds, et deux dont ils se servaient pour voler » (v. 1,2). D'une manière antiphonique, « ils criaient l'un à l'autre, et disaient : Saint, saint, saint est l'Éternel des armées ! toute la terre est remplie de sa gloire ! » (v. 3.)

Les portes furent ébranlées dans leurs fondements par la voix qui retentissait, et la maison se remplit de fumée. Alors je dis : Malheur à moi ! je suis perdu, car je suis un homme dont les lèvres sont impures, j'habite au milieu d'un peuple dont les lèvres sont impures, et mes yeux ont vu le Roi, l'Éternel des armées. Mais l'un des séraphins vola vers moi, tenant à la main une pierre ardente, qu'il avait prise sur l'autel avec des pincettes. Il en toucha ma bouche, et dit : Ceci a touché tes lèvres ; ton iniquité est enlevée, et ton péché est expié (v. 4-7).

« Malheur à moi » n'est pas une phrase qu'Ésaïe utilise à la légère ou pour attirer la sympathie. Au chapitre précédent, il avait utilisé le mot « malheur » à six reprises pour décrire les malédictions de damnation prononcées par Dieu contre les infidélités de la tribu de Juda. Maintenant, Ésaïe se trouvant face à face avec Dieu se sentit maudit, parce qu'il se voyait comme pécheur et se sentait dépassé. Dans une traduction littérale de l'hébreu, Ésaïe disait : « Je me désintègre, parce que ma bouche est sale. » Il reconnaissait sa dépravation et celle de sa nation devant la sainteté insondable de Dieu. Il était rempli de désespoir parce qu'il avait vu le Roi des rois et le Seigneur des seigneurs.

Toutefois, le séraphin posa le charbon ardent sur ses lèvres, ce qui représentait l'application de l'expiation. Il était purifié.

> J'entendis la voix du Seigneur, disant : Qui enverrai-je, et qui marchera pour nous ? Je répondis : Me voici, envoie-moi. Il dit alors : Va, et dis à ce peuple : Vous entendrez, et vous ne comprendrez point ; vous verrez, et vous ne saisirez point. Rends insensible le cœur de ce peuple, endurcis ses oreilles, et bouche-lui les yeux, pour qu'il ne voie point de ses yeux, n'entende point de ses oreilles, ne comprenne point de son cœur, ne se convertisse point et ne soit point guéri (v. 8-10).

Dieu dit à Ésaïe qu'il rencontrerait de la résistance. Naturellement, Ésaïe demanda : « Jusqu'à quand, Seigneur ? » (v. 11.) Et Dieu répondit :

> Jusqu'à ce que les villes soient dévastées et privées d'habitants ; jusqu'à ce qu'il n'y ait plus personne dans les maisons, et que le pays soit ravagé par la solitude ; jusqu'à ce que l'Éternel ait éloigné les hommes, et que le pays devienne un immense désert, et s'il y reste encore un dixième des habitants, ils reviendront pour être la proie des flammes. Mais, comme le térébinthe et le chêne

conservent leur tronc quand ils sont abattus, une sainte postérité renaîtra de ce peuple (v. 11-13).

L'apôtre Jean a écrit :

Pendant que vous avez la lumière, croyez en la lumière, afin que vous soyez des enfants de lumière. Jésus dit ces choses, puis il s'en alla, et se cacha loin d'eux. Malgré tant de miracles qu'il avait faits en leur présence, ils ne croyaient pas en lui, afin que s'accomplisse la Parole qu'Ésaïe, le prophète, a prononcée : Seigneur qui a cru à notre prédication ? Et à qui le bras du Seigneur a-t-il été révélé ? Aussi ne pouvaient-ils croire, parce qu'Ésaïe a dit encore : Il a aveuglé leurs yeux ; et il a endurci leur cœur, de peur qu'ils ne voient des yeux, qu'ils ne comprennent du cœur, qu'ils ne se convertissent, et que je ne les guérisse. Ésaïe dit ces choses, lorsqu'il vit sa gloire, et qu'il parla de lui (Jn 12.36-41).

Voilà une déclaration surprenante. Jean dit qu'Ésaïe a vu la gloire de Jésus (v. 37). Celui qui est assis sur le trône dans sa vision est le Christ, celui que les anges acclament perpétuellement comme « saint, saint, saint ». Le Dieu flamboyant, éclatant et majestueux devant qui Ésaïe a tremblé s'est revêtu de la chair fragile, dissimulant volontairement sa gloire et s'humiliant en prenant la forme humaine. Ce Seigneur exalté dans les cieux est notre Souverain Sacrificateur qui compatit à nos imperfections, qui a triomphé du mal et dont la perfection est devenue notre salut. C'est lui que nous aimons et servons. La gloire de notre Christ et sa sainteté absolue devraient nous dépasser. À lui seul, nous rendons toute la gloire.

Chapitre cinq

LE DIEU DE LA BIBLE EST REMPLI D'AMOUR

U n jour, lors d'une interview avec Larry King, j'étais assis entre le père Michael Manning et Deepak Chopra. Au milieu de la conversation, le père Manning a déclaré : « *Mon* Jésus aime tout le monde. » Larry King s'est alors adressé à moi en disant : « Et vous, John, ce n'est pas ce que vous croyez de Jésus, n'est-ce pas ? Vous pensez que si des gens ne croient pas en Jésus et en Jésus seul, ils vont aller en enfer ? »

Certains se demandent comment des chrétiens qui parlent d'un Dieu aimant peuvent quand même croire à l'enfer. À première vue, la notion que Dieu est amour est la plus tenable et elle est universellement acceptée comme vraie. Presque tout le monde est heureux de savoir que Dieu est amour, à la condition que la définition de l'amour demeure large et simpliste. Cela s'explique par le fait que la notion moderne de l'amour est erronée, intéressée, égocentrique et axée au plus haut point sur les sentiments et les émotions.

L'amour de Dieu n'est rien de tout cela, mais notre compréhension de l'amour est tellement tordue et pervertie par les influences du monde, que même la plupart des chrétiens ne saisissent pas la profondeur et la richesse de l'amour de Dieu. Par le fait même, nous ne connaîtrons véritablement Dieu que si nous faisons abstraction du faux sentimentalisme du monde et acceptons la complexité profonde de son amour.

La nature de l'amour de Dieu

Les Écritures attestent que Dieu est amour (1 Jn 4.8). Ce n'est pas une caractéristique isolée ; de fait, la panoplie complète de ses attributs révèle son amour. Nous pouvons commencer à discerner le principe biblique de l'amour divin en le divisant en trois catégories.

Premièrement, Dieu s'aime lui-même : c'est l'amour intratrinitaire, la pierre d'angle de tous les autres aspects de l'amour de Dieu. Avant même qu'il y ait une créature à aimer, Dieu était déjà la parfaite manifestation de l'amour, et l'amour divin s'exprimait parfaitement dans la Trinité. Dans Jean 14, les Écritures nous disent que le Christ a pris chair, en partie, pour démontrer l'amour intratrinitaire de façon à ce que l'humanité le perçoive et l'apprécie : « [...] afin que le monde sache que j'aime le Père, et que j'agis selon l'ordre que le Père m'a donné » (v. 31). Jésus s'avançait vers la croix inéluctable pour que le monde sache qu'il aimait le Père. Il nous démontra son amour pour le Père par sa parfaite obéissance sacrificielle.

Dans Jean 15, Jésus dit : « Comme le Père m'a aimé, je vous ai aussi aimés. Demeurez dans mon amour. Si vous gardez mes commandements, vous demeurerez dans mon amour, de même que j'ai gardé les commandements de mon Père, et que je demeure dans son amour. Je vous ai dit ces choses, afin que ma joie soit en vous, et que votre joie soit parfaite » (v. 9-11). Encore une fois, Jésus démontre son amour parfait par une obéissance parfaite.

Dans Jean 17 aux versets 23 et 26, il dit : « […] moi en eux, et toi en moi, – afin qu'ils soient parfaitement un, et que le monde connaisse que tu m'as envoyé et que tu les as aimés comme tu m'as aimé. […] Je leur ai fait connaître ton nom, et je le leur ferai connaître, afin que l'amour dont tu m'as aimé soit en eux, et que je sois en eux. »

L'amour de notre Seigneur Jésus envers le Père est directement relié à son obéissance. Comment le Père démontre-t-il à son tour son amour envers le Fils ?

> Jésus reprit donc la parole, et leur dit : En vérité, en vérité, je vous le dis, le Fils ne peut rien faire de lui-même, il ne fait que ce qu'il voit faire au Père ; et tout ce que le Père fait, le Fils aussi le fait pareillement. […] Car, comme le Père ressuscite les morts et donne la vie, ainsi le Fils donne la vie à qui il veut. Le Père ne juge personne, mais il a remis tout jugement au Fils, afin que tous honorent le Fils comme ils honorent le Père. Celui qui n'honore pas le Fils n'honore pas le Père qui l'a envoyé. En vérité, en vérité, je vous le dis, celui qui écoute ma parole, et qui croit à celui qui m'a envoyé, a la vie éternelle et ne vient point en jugement, mais il est passé de la mort à la vie. En vérité, en vérité, je vous le dis, l'heure vient, et elle est déjà venue, où les morts entendront la voix du Fils de Dieu ; et ceux qui l'auront entendue vivront. Car comme le Père a la vie en lui-même, ainsi il a donné au Fils d'avoir la vie en lui-même. Et il lui a donné le pouvoir de juger, parce qu'il est le Fils de l'homme (Jn 5.19,21-27).

Tout ce que Dieu possède, il l'a donné à son Fils. Absolument tout. Le Père montre au Fils tout ce qu'il fait, et le Fils fait tout ce qu'il voit le Père faire (5.19). Toute la générosité de l'amour du Père pour le Fils se trouve dans le fait que toute la connaissance du Père, toute la puissance du Père, tous les secrets du Père, tous les privilèges du Père et tout l'honneur du Père sont donnés au Fils. Le Père ne lui refuse rien. Et le Fils, avec un amour parfaitement réciproque, déclare que tout ce qu'il possède lui a été donné par le Père. Alors, il loue cette expression d'amour parfait correspondant à une générosité sans borne qui ne refuse absolument rien.

Comme abordé plus haut, le Père aime tellement le Fils qu'il donne au Fils une humanité rachetée. Dieu, dans son plan de rédemption, aime d'abord son Fils, puis il aime les pécheurs. Dans Jean 6.37, Jésus dit : « Tous ceux que le Père me donne viendront à moi, et je ne mettrai pas dehors celui qui vient à moi. » Le Père aime les pécheurs, parce qu'en agissant ainsi, il exprime son amour envers le Fils. Nous ne sommes que le présent d'amour du Père au Fils, son épouse élue.

Bien que l'amour surnaturel et intratrinitaire s'exprime premièrement dans les échanges entre le Père et le Fils, le Saint-Esprit n'en est pas exclu. Parce que le Père aime le Fils parfaitement, il a planifié le salut depuis l'éternité passée. Le Père a mis à part une épouse pour son Fils. Le Fils aimait le Père et, parce qu'il était parfaitement obéissant, a accepté de payer un prix énorme pour la rédemption de son épouse. Il a obéi à la volonté du Père par amour ; il est devenu le substitut sacrificiel, il a subi la colère de Dieu à la place de tous ceux qui croiraient. Ensuite, par l'œuvre du Saint-Esprit, l'épouse est rachetée et sanctifiée, afin de convenir au culte éternel d'adoration de son Seigneur. En fin de compte, l'amour du Père pour les pécheurs émerge de son désir aimant de racheter une épouse pour son Fils afin de lui exprimer son amour.

L'amour compréhensif de Dieu

Les Écritures témoignent d'une deuxième dimension de l'amour de Dieu : son amour pour le monde. Dieu déploie un amour sans borne et sans discrimination pour tous les peuples. Dans Tite 3.4, l'apôtre Paul dit que l'amour – traduit dans la plupart des versions par « bonté » (en grec *chrēstotēs*) – de Dieu est manifesté aux hommes, c'est-à-dire à toute la race humaine. Quand le monde pécheur interagit le moindrement avec Dieu, ou que Dieu interagit avec lui, l'amour divin se manifeste toujours d'une certaine manière, puisqu'il fait fondamentalement partie de la relation.

Si vous voulez une preuve que Dieu manifeste son amour à l'humanité, jetez un coup d'œil à Matthieu 5.44,45*a* où Jésus dit : « Mais moi, je vous dis : Aimez vos ennemis [bénissez ceux qui vous maudissent, faites du bien à ceux qui vous haïssent,] et priez pour ceux [qui vous maltraitent et] qui vous persécutent, afin que vous soyez fils de votre Père qui est dans les cieux. » Là où nous ressemblons le plus à Dieu, c'est lorsque nous aimons nos ennemis et que nous leur pardonnons leurs offenses. Comme l'amour de Dieu ne se limite pas qu'aux rachetés, le nôtre ne le devrait pas non plus.

L'amour inconditionnel et sans discrimination de Dieu se manifeste essentiellement de quatre manières. La première est ce que les théologiens appellent la *grâce commune*. Louant la bienveillance de Dieu envers toutes ses créatures, Jésus a dit : « [...] car il fait lever son soleil sur les méchants et sur les bons, et il fait pleuvoir sur les justes et sur les injustes. Si vous aimez ceux qui vous aiment, quelle récompense méritez-vous ? Les publicains n'agissent-ils pas de même ? » (Mt 5.45*b*,46.) En fait, Jésus-Christ disait qu'il est facile d'aimer ceux qui nous aiment – même des pécheurs corrompus comme les collecteurs d'impôts en sont capables. Pourtant, Dieu aime ceux qui ne l'aiment pas, et il leur manifeste son amour non seulement en leur envoyant la pluie et le soleil, mais en leur faisant du bien sur les plans terrestre, physique et temporel.

La vie même est une manifestation de la grâce commune de Dieu. Dieu a déclaré à Adam que le jour où il mangerait du fruit (de la connaissance du bien et du mal) il mourrait (Ge 2.17), mais Adam a vécu plus de neuf cents ans (Ge 5.5). Dieu nous exprime son amour par la grâce commune du simple fait que celui qui n'est pas régénéré se lève le matin, hume son café, prend un bon petit déjeuner, embrasse la personne qu'il aime, fait un câlin aux enfants, poursuit une carrière valorisante, conduit une voiture confortable et admire les couchers de soleil. Même ceux qui souffrent de pauvreté, de faim ou de mauvais traitements ici-bas jouissent quand même d'une mesure de cette grâce commune. Par conséquent, Dieu aime tous les hommes inconditionnellement de cette manière. Nous devons saisir que les joies de la vie quotidienne sont toutes des preuves de l'amour de Dieu. Paul écrit : « *[Dieu]* n'*[a]* cessé de rendre témoignage de ce qu'il est, en faisant du bien, en vous dispensant du ciel les pluies et les saisons fertiles, en vous donnant la nourriture avec abondance et en remplissant vos cœurs de joie » (Actes 14.17). Voilà ce qu'est la grâce commune dont bénéficient tous les hommes ; ils peuvent jouir d'une vie agréable et confortable, sans égard à la nature de leur cœur.

La deuxième dimension de l'amour de Dieu pour l'humanité s'exprime par sa *compassion*. On pourrait croire que la compassion de Dieu le motive à répandre la grâce commune, mais elle va bien au-delà des bénédictions physiques et temporelles. Dieu démontre sa compassion en ressentant une pitié universelle et du chagrin pour les âmes qui se perdent. Dans Ézéchiel, Dieu déclare : « Car je ne désire pas la mort de celui qui meurt » (18.32). Jérémie rapporte les propos attristés de l'Éternel :

Écoutez et prêtez l'oreille ! Ne soyez point orgueilleux ! Car l'Éternel parle. Rendez gloire à l'Éternel, votre Dieu, avant qu'il fasse venir les ténèbres, avant que vos pieds se heurtent contre les montagnes de la nuit ; vous attendrez la lumière, et il la changera en ombre de la mort, il la réduira en obscurité profonde. Si vous n'écoutez pas, je pleurerai en secret, à cause de votre orgueil ; mes yeux fondront en larmes, parce que le troupeau de l'Éternel sera emmené captif (Jé 13.15-17).

Dieu pleure par les yeux de Jérémie. Plus tard, il pleure et gémit sur la destruction de Moab (Jé 48.30-47). Moab a été puni justement, mais Dieu ne se réjouissait aucunement de son iniquité ni de son jugement. À la fin du livre de Jonas, Dieu demande au prophète de façon théorique : « Et moi, je n'aurais pas pitié de Ninive ? » (Jon 4.11.)

Au cours de son ministère public, le Christ a manifesté l'amour rempli de compassion de Dieu pour les êtres humains. Dans Matthieu 23.37, Jésus s'est écrié : « Jérusalem, Jérusalem, qui tues les prophètes et qui lapides ceux qui te sont envoyés, combien de fois ai-je voulu rassembler tes enfants, comme une poule rassemble ses poussins sous ses ailes, et vous ne l'avez pas voulu ! » Dans Luc 19.41, les Écritures mentionnent : « Comme il approchait de la ville *[de Jérusalem]*, Jésus, en la voyant, pleura sur elle. » Il pleura aussi sur la tombe de Lazare (Jn 11.35). Jésus a pleuré non pas à cause de la mort de Lazare – Dieu l'avait planifiée afin que le Christ puisse opérer le miracle qui allait suivre. En effet, Jésus était demeuré près du Jourdain jusqu'à ce que le moment soit propice à son départ. Jésus a pleuré parce qu'il se retrouvait devant les horribles conséquences du péché, c'est-à-dire la mort pour tous.

L'amour compatissant de Dieu est motivé non par la valeur actuelle d'un individu, mais par sa perte future, à cause du péché.

La troisième façon que Dieu utilise pour répandre son amour inconditionnel sur l'humanité, c'est de l'*avertir*. Dans toutes les Écritures, Dieu avertit constamment les humains des jugements qui les attendent s'ils ne se repentent pas et ne croient pas. Luc 13.1-5 relate un de ces avertissements de la bouche du Christ lui-même :

> En ce même temps, quelques personnes qui se trouvaient là racontaient à Jésus ce qui était arrivé à des Galiléens dont Pilate avait mêlé le sang avec celui de leurs sacrifices. Il leur répondit : Croyez-vous que ces Galiléens aient été de plus grands pécheurs que tous les autres Galiléens, parce qu'ils ont souffert de la sorte ? Non, je vous le dis. Mais si vous ne vous repentez, vous périrez tous également. Ou bien, ces dix-huit personnes sur qui est tombée la tour de Siloé et qu'elle a tuées, croyez-vous qu'elles aient été plus coupables que tous les autres habitants de Jérusalem ? Non, je vous le dis. Mais si vous ne vous repentez, vous périrez tous également.

Dans 1 Timothée 4.10, Paul dit que Dieu « est le Sauveur de tous les hommes, surtout des croyants ». Bien sûr, Dieu ne sauvera pas tout le monde éternellement, mais il est le Sauveur de toute l'humanité dans un sens physique et temporel. Il retient ce que les pécheurs méritent : une punition immédiate. L'Évangile présente sans discrimination Jésus-Christ comme Sauveur à tous ceux qui entendent son appel – et il n'y a pas d'autre Sauveur. À cet égard, le Père a envoyé le Christ comme seul « Sauveur du monde » (1 Jn 4.14).

Pourquoi Dieu retient-il sa colère justifiée et se déclare-t-il prêt à sauver quiconque vient à lui ? Certains suggèrent que son offre n'est pas bien intentionnée, et que l'objectif de Dieu consiste tout simplement à augmenter la culpabilité des réprouvés quand ils rejettent son invitation et transgressent son commandement de se repentir. Ils pensent que cela compromet la souveraineté de Dieu de suggérer qu'il désire venir en aide à ceux à qui il permet de continuer de pécher et de demeurer incrédules. Au contraire, l'effet général de la grâce commune ne sera pas de magnifier la culpabilité du pécheur ou d'intensifier sa condamnation, puisqu'une des caractéristiques de la grâce commune consiste à freiner les actions pécheresses de l'humanité. La grâce commune empêche les pécheurs d'être aussi mauvais qu'ils pourraient l'être (voir 2 Th 2.6,7).

Les Écritures sont claires à ce sujet : Dieu n'est pas de mauvaise foi. Sa bonté envers les incrédules est véritablement bienveillante et non un voile pour cacher sa colère ou sa haine du mal. « L'Éternel est bon envers tous, et ses compassions s'étendent sur toutes ses œuvres » (Ps 145.9). Dans Romains 2.4, Paul dit que « la bonté de Dieu » devrait pousser les pécheurs à la repentance. C'est le message sincère et franc de la grâce commune. Dieu retient son jugement et la damnation pour le bien de ceux qui vont se repentir et croire. Par ailleurs, la pure bonté démontrée dans sa patience devrait inciter les pécheurs à se tourner vers Dieu. L'Ancien et le Nouveau Testament sont remplis d'avertissements formels et pressants de la colère divine à venir. Tous ces avertissements sont des manifestations de l'amour bienveillant que Dieu a pour ses créatures.

Ainsi, la quatrième manière pour Dieu de démontrer son amour envers l'humanité c'est de *lui offrir gratuitement l'Évangile*. La dernière tâche que le Christ a confiée à ses disciples fut l'ordre de propager la bonne nouvelle de l'Évangile à travers le monde.

« Allez, faites de toutes les nations des disciples » (Mt 28.19*a*). L'amour de Dieu est évident en ce que la voie du salut est annoncée au monde depuis des millénaires.

Toutefois, Dieu ne se fait pas connaître seulement par l'évangélisation et le ministère de l'Évangile. Paul explique : « […] car ce qu'on peut connaître de Dieu est manifeste pour eux, Dieu le leur ayant fait connaître » (Ro 1.19). Il a souverainement implanté dans la nature même de l'homme l'évidence de son existence, en lui accordant l'habileté de raisonner et en écrivant sa loi morale dans son cœur (Ro 2.15).

Nous n'avons pas le luxe (ou peut-être le fardeau) de connaître d'avance ceux que Dieu a élus pour le salut. Selon les Écritures, nous devons donc agir comme si tous les pécheurs et les pécheresses que nous rencontrons, s'ils ou elles croient en Jésus, seront pardonnés et sauvés. « La volonté de mon Père, c'est que quiconque voit le Fils et croit en lui ait la vie éternelle ; et je le ressusciterai au dernier jour » (Jn 6.40). Le divin Sauveur est, par conséquent, proclamé à tous les pécheurs sans discrimination. C'est notre responsabilité de faire en sorte que la glorieuse nouvelle de son Évangile soit répandue dans le monde entier. Nous devons proclamer Jésus-Christ à toutes les nations.

Sentez et voyez combien l'Éternel est bon ! Heureux l'homme qui cherche en lui son refuge ! (Ps 34.9.)

J'ai exaucé ceux qui ne demandaient rien, je me suis laissé trouver par ceux qui ne me cherchaient pas ; j'ai dit : Me voici, me voici ! à une nation qui ne s'appelait pas de mon nom. J'ai tendu mes mains tous les jours vers un peuple rebelle (És 65.1,2).

Jésus, prenant la parole, leur parla de nouveau en paraboles, et il dit : Le royaume des cieux est semblable à un roi qui fit des noces pour son fils. Il envoya ses serviteurs appeler ceux qui étaient invités aux noces ; mais ils ne voulurent pas venir. Il envoya encore d'autres serviteurs, en disant : Dites aux conviés : Voici, j'ai préparé mon festin ; mes bœufs et mes bêtes grasses sont tués, tout est prêt, venez aux noces. Mais, sans s'inquiéter de l'invitation, ils s'en allèrent [...] Alors *[le roi]* dit à ses serviteurs : [...] Allez donc dans les carrefours, et appelez aux noces tous ceux que vous trouverez. Ces serviteurs allèrent dans les chemins, rassemblèrent tous ceux qu'ils trouvèrent, méchants et bons, et la salle des noces fut pleine de convives (Mt 22.1-5,9,10 ; voir aussi Lu 14.16-24).

Dans sa bonté et sa miséricorde, Dieu nous utilise pour répandre son Évangile dans les coins les plus reculés de la terre. Notre tâche est de faire rayonner la lumière de sa vérité. Il décide où et comment faire la lumière dans le cœur des hommes. Dans Jean 5.39,40, Jésus dit aux chefs religieux : « Vous sondez les Écritures, parce que vous pensez avoir en elles la vie éternelle : ce sont elles qui rendent témoignage de moi. Et vous ne voulez pas venir à moi pour avoir la vie ! » Dieu a tant aimé le monde qu'il a pourvu à un Sauveur qui lui suffit (Jn 3.16), mais comme les pécheurs n'en ont pas voulu, ils sont coupables de l'avoir rejeté (v. 19).

Dieu a gracieusement et aimablement étendu l'offre de son Évangile à toute l'humanité, mais cette offre ne durera pas pour toujours. Le Christ l'a lui-même dit : « C'est pourquoi je vous ai dit que vous mourrez dans vos péchés » (Jn 8.24).

L'amour dans la famille de Dieu

Ceci nous amène à la troisième catégorie de l'amour divin. Non seulement Dieu s'aime lui-même à l'intérieur de la Trinité et il aime toute l'humanité, mais il aime aussi les siens.

Dieu aime véritablement le monde. Il aime les humains au point de leur donner la grâce commune, de ressentir de la miséricorde pour eux, de les avertir des jugements à venir et d'offrir gratuitement son Évangile à tous. Cet amour est sans limites, mais il est limité dans le temps. Dieu aime et sauve tous les hommes au sens temporel, mais il aime particulièrement et il sauve éternellement les croyants. Cet amour ne repose sur rien d'autre qu'une résolution souveraine – il nous a choisis en tant qu'épouse éternelle du Christ, il nous sauve et nous transforme en de nouvelles créations, et en tant que Père, il nous aime comme ses propres enfants.

Dans son interaction avec ses disciples la nuit de son arrestation, le Christ nous donne un précieux exemple de l'amour qu'il a pour les siens. Dans Jean 13, Jésus est à la veille de sa mort et il se trouve avec ses disciples obstinés dans la chambre haute. Ils sont rassemblés pour célébrer la pâque et seul le Christ sait le peu de temps qu'il lui reste à passer avec ses amis ; ces derniers sont totalement inconscients de l'importance du moment. Jean écrit : « Avant la fête de Pâque, Jésus, sachant que son heure était venue de passer de ce monde au Père, et ayant aimé les siens qui étaient dans le monde, mit le comble à son amour pour eux » (v. 1). L'amour du Christ pour ses disciples – de même que pour son peuple encore dans le monde – va au-delà de la grâce commune et de la miséricorde. C'est un amour parfait, éternel et rédempteur.

Dans le récit des Écritures, le Saint-Esprit choisit un moment étonnant pour faire dire cette vérité à Jean, car les disciples sont dans la chambre haute en train d'argumenter pour savoir qui serait le plus grand dans le royaume. Ils sont si égocentriques, immatures, égoïstes et ambitieux qu'ils sont complètement aveugles à ce qui se passe autour d'eux. Jésus les a déjà prévenus de ce qui allait arriver. Dans cette chambre haute, la croix et le spectre hideux de la colère de Dieu qui s'abattrait sur lui l'enveloppent de leur ombre. Or, ses disciples ne se soucient de rien d'autre que de leur propre gloire.

Dans l'un de leurs pires moments, alors qu'ils sont totalement indifférents à l'imminente crucifixion de Jésus, les Écritures nous disent que Jésus les aima jusqu'à la fin (voir *Darby* ; *eis telos*, en grec). Cette expression signifie qu'il les a aimés d'un amour absolu. On pourrait aussi dire qu'il les a aimés avec l'extrême plénitude de sa capacité d'aimer. Il ne pouvait pas les aimer davantage.

L'amour du Christ pour ses disciples est absolument stupéfiant. Le lendemain de ce temps passé ensemble dans la chambre haute et de l'arrestation de Jésus, ses disciples le désertèrent et le renièrent. Ils eurent honte de lui et, craignant pour leur propre vie, ils se dispersèrent comme une bande de lâches déloyaux. Le véritable amour est prouvé par l'obéissance. La nuit précédente, Jésus avait dit à ses disciples : « Si vous m'aimez, gardez mes commandements [...] Si quelqu'un m'aime, il gardera ma parole » (Jn 14.15 ; 23*a*). C'est de cette façon que Jésus a aimé son Père. Les disciples ont échoué en ne montrant pas un amour obéissant envers leur Seigneur, mais Jésus a continué à les aimer en dépit de leur déloyauté.

Dans l'intimité de la chambre haute, Jésus s'engageait à les aimer. D'ailleurs, il leur a démontré son amour en lavant leurs pieds sales, tandis qu'ils discutaient entre eux de qui était le plus grand. Un peu plus tard, il leur prouverait encore plus son amour pour eux en subissant le châtiment que méritaient leurs péchés. « Il n'y a pas de plus grand amour que de donner sa vie pour ses amis » (Jn 15.13). L'amour de Dieu pour ses enfants est éternel et d'une profondeur infinie. C'est un amour qui désire protéger et préserver son peuple, afin qu'il soit, au final, en communion éternelle avec lui. Comme Jésus l'a dit la nuit de son arrestation :

> Que votre cœur ne se trouble point. Croyez en Dieu, et croyez en moi. Il y a plusieurs demeures dans la maison de mon Père. Si cela n'était pas, je vous l'aurais dit. Je vais vous préparer une place. Et, lorsque je m'en serai allé, et que je vous aurai préparé une place, je reviendrai, et je vous prendrai avec moi, afin que là où je suis vous y soyez aussi. Vous savez où je vais, et vous en savez le chemin (Jn 14.1-4).

Jésus n'essayait ni de vanter exagérément les vertus du ciel ni de les sous-estimer. Il a plutôt pris sur lui tous les péchés en agonisant sur la croix, comme un père ne penserait qu'à ses enfants alors qu'il envisage sa propre mort. Il pouvait considérer les horreurs du calvaire et supporter d'être séparé du Père parce qu'il savait pour qui il allait à la croix ; il connaissait la valeur du rachat accompli par son sacrifice. Avec un amour immense pour les siens, il a marché de plein gré vers une mort atroce. Voilà l'amour de Dieu pour son peuple. Et pour nous rassurer une fois pour toutes, Paul écrit dans Romains 8.38,39 que rien ne peut nous séparer du pacte d'amour de Dieu.

Ézéchiel 16 nous fournit une magnifique représentation de l'amour de Dieu pour les siens :

> La parole de l'Éternel me fut adressée, en ces mots :
> Fils de l'homme, fais connaître à Jérusalem ses abomi-
> nations ! Tu diras : Ainsi parle le Seigneur, l'Éternel, à

Jérusalem : Par ton origine et ta naissance, tu es du pays de Canaan ; ton père était un Amoréen, et ta mère une Héthienne (Éz 16.1-3).

Il s'agit d'une déclaration fondamentale adressée à Jérusalem et à Israël concernant leurs abominations et leurs idolâtries. Les Amoréens et les Hittites étaient des noms génériques donnés aux peuples vivant en Canaan. Dieu renvoie aux origines païennes du peuple d'Israël, faisant remarquer qu'ils n'étaient autrefois pas mieux que les nations idolâtres avoisinantes. L'analogie est frappante – Dieu décrit la nation d'Israël lors de ses premiers jours en la comparant à un nouveau-né abandonné.

À ta naissance, au jour où tu naquis, ton cordon n'a pas été coupé, tu n'as pas été lavée dans l'eau pour être purifiée, tu n'as pas été frottée avec du sel, tu n'as pas été enveloppée dans des langes. Nul n'a porté sur toi un regard de pitié pour te faire une seule de ces choses, par compassion pour toi ; mais tu as été jetée dans les champs, le jour de ta naissance, parce qu'on avait horreur de toi (v. 4,5).

Quand un bébé naissait, on le lavait, on le nettoyait, on le purifiait en le frottant avec du sel, on l'emmaillotait soigneusement et on prenait soin de lui tendrement. Dieu dit qu'il a eu compassion d'Israël parce que cette nation était comme une enfant qu'on avait rejetée et dont on n'avait pas pris soin convenablement.

Je passai près de toi, je t'aperçus baignée dans ton sang, et je te dis : Vis dans ton sang ! je te dis : Vis dans ton sang ! Je t'ai multipliée par dix milliers, comme les herbes des champs. Et tu pris de l'accroissement, tu grandis, tu devins d'une beauté parfaite ; tes seins se formèrent, ta chevelure se développa. Mais tu étais nue, entièrement nue. Je passai près de toi, je te regardai, et voici ton temps était là, le temps des amours. J'étendis sur toi le pan de ma robe, je couvris ta nudité, je te jurai fidélité, je fis alliance avec toi, dit le Seigneur, l'Éternel, et tu fus à moi.

Je te lavai dans l'eau, je fis disparaître le sang qui était sur toi, et je t'oignis avec de l'huile. Je te donnai des vêtements brodés, et des chaussures de peaux teintes en bleu ; je te ceignis de fin lin, et je te couvris de soie. Je te parai d'ornements : je mis des bracelets à tes mains, un collier à ton cou, je mis un anneau à ton nez, des pendants à tes oreilles, et une couronne magnifique sur ta tête. Ainsi tu fus parée d'or et d'argent, et tu fus vêtue de fin lin, de soie et d'étoffes brodées. La fleur de farine, le miel et l'huile, furent ta nourriture. Tu étais d'une beauté accomplie, digne de la royauté. Et ta renommée se répandit parmi les nations, à cause de ta beauté ; car elle était parfaite, grâce à l'éclat dont je t'avais ornée, dit le Seigneur, l'Éternel.

Mais tu t'es confiée dans ta beauté, et tu t'es prostituée, à la faveur de ton nom ; tu as prodigué tes prostitutions à tous les passants, tu t'es livrée à eux. Tu as pris de tes vêtements, tu t'es fait des hauts lieux que tu as garnis d'étoffes de toutes couleurs, et tu t'y es prostituée : rien de semblable n'était arrivé et n'arrivera jamais. Tu as pris ta magnifique parure d'or et d'argent, que je t'avais donnée, et tu en as fait des simulacres d'hommes, auxquels tu t'es prostituée. Tu as pris tes vêtements brodés, tu les en as couverts, et tu as offert à ces simulacres mon huile et mon encens. Le pain que je t'avais donné, la fleur de farine, l'huile et le miel, dont je te nourrissais, tu leur as offert ces choses comme des parfums d'une odeur agréable. Voilà ce qui est arrivé, dit le Seigneur, l'Éternel. Tu as pris tes fils et tes filles, que tu m'avais enfantés, et tu les leur as sacrifiés pour qu'ils leur servent d'aliment : n'était-ce pas assez de tes prostitutions ? Tu as égorgé mes fils, et tu les as donnés, en les faisant passer par le feu en leur honneur. Au milieu de toutes tes abominations et de tes prostitutions, tu ne t'es pas souvenue du temps de ta jeunesse, lorsque tu étais nue, entièrement nue, et baignée dans ton sang (Éz 16.6-22).

L'acte d'accusation de Dieu continue indéfiniment pour décrire la malheureuse dérive d'Israël. À un certain moment, il affirme que la nation d'Israël était plus corrompue que la Samarie (v. 46,47). Dans une désinvolture éhontée, Israël s'est affichée devant toutes les idoles des nations environnantes, méprisant l'alliance d'amour et de grâce de Dieu. La description de la rébellion d'Israël se termine aux versets 58 et 59 où Ézéchiel écrit : « Tu portes tes crimes et tes abominations, dit l'Éternel. Car ainsi parle le Seigneur, l'Éternel : J'agirai envers toi comme tu as agi, toi qui as méprisé le serment en rompant l'alliance. »

On pourrait croire qu'Israël était sur le point de subir la colère qu'elle s'était attirée pour sa rébellion. Cependant, les premiers mots du verset 60 sont très étonnants : « Mais je me souviendrai de mon alliance avec toi au temps de ta jeunesse, et j'établirai avec toi une alliance éternelle. » Malgré l'infidélité spirituelle d'Israël, Dieu est plein de grâce envers le peuple avec qui il a conclu son alliance. Sodome a été détruite et la Samarie, irrécupérable, est disparue. Bien qu'Israël ait été pire que les deux mises ensemble, Dieu lui a accordé son pardon. Pour ceux qu'il choisit d'aimer par une alliance d'amour, son amour est parfait, complet, rédempteur et éternel.

Les Écritures louent constamment la gloire de l'alliance bienveillante de Dieu. Dans Jérémie 31.3, Dieu dit : « Je t'aime d'un amour éternel ; c'est pourquoi je te conserve ma bonté. » Avant la fondation du monde, Dieu a répandu son amour sur les siens, et il les aime d'un amour intarissable et éternel. Dans Éphésiens 2, Paul affirme que ce genre d'amour pardonne, donne la vie, promet une gloire éternelle, répand sur nous sa bonté et produit en nous un comportement vertueux – tout cela en fonction de la grâce de Dieu. Dans Éphésiens 5, il dit que cet amour nous lave, nous purifie, nous sanctifie, nous nourrit et nous chérit pour l'éternité. Dans Luc 15, la parabole de l'enfant prodigue nous révèle l'amour rédempteur de Dieu qui dispense des bénédictions, se réjouit de notre repentance, pardonne les péchés passés, nous restaure et nous élève à une position très privilégiée. Et comme nous l'avons déjà vu dans Romains 8, Paul nous dit que ce genre d'amour est invincible et que nous ne pouvons nous en dissocier.

Les limites de l'amour de Dieu

En réfléchissant aux richesses que Dieu procure à son peuple par amour, on peut se demander : « Pourquoi n'a-t-il pas choisi d'aimer tout le monde de la même façon ? »

Bien que le cœur puisse être bien intentionné (ni cynique ni incrédule) en posant cette question, nous devons nous rappeler que nous ne devons pas soumettre Dieu aux normes de notre esprit limité. Chaque fois que nous nous interrogeons sur le *pourquoi* de la volonté souveraine et absolue de Dieu, nous sortons de nos limites.

Toutefois, dans ce cas-ci, les Écritures nous fournissent une réponse. La raison pour laquelle Dieu n'a pas choisi d'aimer chacun également par son alliance d'amour salvatrice, c'est que son amour est guidé et dirigé par sa gloire (Ro 9.22-24). Dieu n'est pas obligé d'être le Sauveur sans réserve de tous, offrant à chacun une opportunité égale. Il n'est pas prisonnier de son amour ni des attentes de l'homme. L'amour de Dieu n'est jamais séparé de ses autres attributs en leur étant supérieur ou dominant. En fin de compte, il lui a plu de faire ce qu'il a fait parce qu'il en a été glorifié. Son plan souverain de salut n'est lié à rien d'autre qu'à sa propre gloire. Et nous pouvons trouver le repos dans cette connaissance.

D'ailleurs, si nous comprenons la vraie nature du péché, de la justice et du jugement, nous devrions voir qu'il n'y a aucun mystère dans le fait que Dieu condamne les pécheurs. Le vrai mystère réside dans le fait qu'il sauve qui que ce soit.

Si l'Évangile constitue pour certains un Sauveur de vie donnant la vie, c'est parce que Dieu a déterminé qu'il en serait ainsi. Alors qu'il a de la compassion pour tous, avertit chacun et appelle tous les humains par la prédication de l'Évangile, il est glorifié par le salut de certains et la perdition des autres.

La gloire de son œuvre salvatrice ne brillerait pas autant si elle n'avait pour toile de fond son jugement. En fin de compte, il s'agit de *sa gloire*. Nous devrions nous en satisfaire et laisser Dieu être Dieu. Quand Dieu nous pardonne et que nous échappons à la mort grâce à son pardon, nous ne passons pas notre temps à nous demander si ce pardon est accordé à tous. Nous le saisissons et nous nous réjouissons d'être libérés et en sécurité sous le couvert protecteur de son alliance d'amour pour toujours.

Chapitre six

LE DIEU DE LA BIBLE EST UN DIEU SAUVEUR

Jean 3.16 pourrait bien être le verset le plus connu de toutes les Écritures, mais il est certainement l'un des plus mal utilisés et compris. Le verset est si bien connu que certains chrétiens pensent que le seul fait d'en citer la référence suffit pour proclamer l'Évangile. Pendant des années, lors de presque tous les grands événements sportifs, une personne portant une perruque de clown multicolore apparaissait à l'écran de nos téléviseurs. Elle brandissait un écriteau sur lequel était inscrit « Jean 3.16 » et se plaçait en face des caméras de télévision de manière à être visible. Rien ne prouve que ces apparitions aient véritablement contribué à l'évangélisation. Elles semblent avoir servi à populariser Jean 3.16 comme l'acclamation favorite de ceux qui comptent sur l'amour de Dieu, sans toutefois aimer Dieu en retour[1].

Les arminiens sortent la phrase « Dieu a tant aimé le monde » de son contexte et l'utilisent pour appuyer une rédemption universelle. Des universalistes extrêmes poussent cette argumentation encore plus loin. Ils prétendent que ce verset prouve que Dieu aime tout le monde de la même façon, et qu'il est infiniment miséricordieux – comme si Jean 3.16 niait tous les avertissements bibliques condamnant les méchants.

Cette façon de penser manque complètement la cible. Le verset 18 de Jean 3 donne le contexte réel en contrepartie : « Celui qui croit en lui n'est point jugé ; mais celui qui ne croit pas est déjà jugé, parce qu'il n'a pas cru au nom du Fils unique de Dieu. » Assurément, cette vérité doit être proclamée à notre génération avec autant de passion et d'urgence que celle de l'amour et de la miséricorde de Dieu.

De plus, Jean 3.16 ne parle pas de l'étendue du salut, mais de l'étendue de l'amour de Dieu. Quel phénomène magistral : Dieu a *tellement* aimé « le monde » – la sphère de méchanceté d'une humanité corrompue – qu'il a sacrifié son Fils unique pour effectuer le rachat de tous ceux qui croiraient en lui.

L'apôtre Jean était stupéfait de l'ampleur de l'amour de Dieu et de ses retombées. Il a tellement insisté et écrit sur ce sujet qu'on l'a souvent surnommé « l'apôtre de l'amour ». La remarque qu'on trouve dans 1 Jean 3.1 explique bien l'argument principal de Jean 3.16 : « Voyez quel amour le Père nous a témoigné, pour que nous soyons appelés enfants de Dieu ! » « Quel amour » : l'emploi de ces mots est aussi simple que sa vérité est profonde. Jean n'emploie pas une dizaine d'épithètes pour le définir, car tous les superlatifs du langage humain ne peuvent exprimer la plénitude de cette vérité. Il attire simplement notre attention sur la splendeur indescriptible de l'amour rédempteur de Dieu. Le Dieu que nous adorons aime sauver.

L'apôtre Paul était également captivé par la même vérité : « [...] Christ, au temps marqué, est mort pour des impies. À peine mourrait-on pour un juste ; quelqu'un peut-être mourrait pour un homme de bien. Mais Dieu prouve son amour envers nous, en ce que, lorsque nous étions encore des pécheurs, Christ est mort pour nous » (Ro 5.6*b*-8).

L'apôtre Pierre mentionne les « choses [...] dans lesquelles les anges désirent plonger leurs regards » (1 Pi 1.12). Les anges doivent se demander pourquoi Dieu répand son amour sur l'humanité déchue. Il n'y a certainement aucune autorité supérieure à celle de Dieu qui peut le forcer à nous aimer.

Or, seuls les humains déchus sont les bénéficiaires de la miséricorde divine : « Car assurément ce n'est pas à des anges qu'il vient en aide, mais c'est à la postérité d'Abraham » (Hé 2.16). « Car [...] Dieu n'a pas épargné les anges qui ont péché, mais [...] il les a précipités dans les abîmes de ténèbres et les réserve pour le jugement » (2 Pi 2.4).

Pourquoi Dieu choisirait-il d'aimer des humains limités, déchus et pécheurs au prix de la vie de son propre Fils ? Pourquoi Dieu ne nous a-t-il pas tout simplement supprimés comme des pécheurs endurcis, en répandant sa colère sur nous et en démontrant sa gloire en nous jugeant ? C'est vraiment un mystère que même les anges trouvent déconcertant.

En outre, pourquoi nous prodigue-t-il si généreusement les richesses de sa bonté ? Aurait-il pu déployer sa miséricorde envers nous sans pour autant donner son Fils pour qu'il meure à notre place ? Ou bien n'aurait-il pas pu nous accorder une position inférieure après nous avoir rachetés et nous avoir assuré une place au ciel ? Pourtant, il nous a faits cohéritiers du Christ. Il nous a élevés aux sommets spirituels. Effectivement, il nous a accordé l'inestimable, la plus grande bénédiction éternelle de l'univers : son Fils bien-aimé. C'est pourquoi nous pouvons être absolument certains qu'il ne nous privera d'aucune bonne chose. « Lui qui n'a point épargné son propre Fils, mais qui l'a livré pour nous tous, comment ne nous donnera-t-il pas aussi toutes choses avec lui ? » (Ro 8.32.)

Avez-vous déjà médité sur le mystère d'un si grand amour ? Pourquoi ce genre d'amour n'est-il pas déversé sur les anges fidèles qui n'ont jamais failli et qui durant toute leur existence ont toujours aimé et adoré indéfectiblement le Dieu qui les a faits ? Bref, pourquoi Dieu nous aime-t-il, et en surplus, pourquoi a-t-il payé un si grand prix pour nous démontrer son amour ?

Pour le dire franchement, toute la réponse à cette question est encore enveloppée d'un mystère. C'est une merveille prodigieuse et incompréhensible. Nous ne connaissons pas les raisons pour lesquelles Dieu a décidé d'aimer des pécheurs déchus. Et comme chacun des vrais enfants de Dieu, je dois confesser que je ne sais pas pourquoi Dieu a choisi de m'aimer. Je sais seulement que c'est pour sa propre gloire, et certainement pas parce qu'il pense que je le mérite. En d'autres mots, les raisons de Dieu pour aimer se trouvent en lui-même seulement et non en ceux qu'il aime.

Ce que les Écritures nous révèlent, c'est que sa volonté de sauver est intrinsèquement liée à ce qu'il est. « Dieu est amour » (1 Jn 4.8,16). Ce n'est pas inhabituel pour lui d'être un sauveur – de chercher et de sauver ceux qui sont perdus. Il est par nature un sauveur. Selon 1 Timothée 1.1 le Père est « Dieu notre Sauveur ». Une des images les plus frappantes que Jésus a utilisées pour décrire Dieu, c'est l'empressement du père dans la parabole du fils prodigue. Le père attend ardemment le retour de son fils égaré, court vers lui lorsque le garçon rebelle revient au bercail, le couvre de cadeaux immérités et lui redonne son statut de fils. Voilà le caractère du Dieu que nous adorons. Il est un Dieu sauveur.

Il a toujours été connu comme un sauveur. Des théologiens libéraux essaient de creuser un gouffre entre le Nouveau et l'Ancien Testament. Ils déclarent souvent que le Dieu de l'Ancien Testament est coléreux, vengeur, envieux, virulent, hostile et qu'il châtie. Toujours selon eux, le Dieu révélé dans le Nouveau Testament est différent : il est rempli de compassion, aimant et salvateur. Voilà une déformation absurde et malhonnête des Écritures.

Le Dieu de l'Ancien Testament était connu par son peuple comme un sauveur. Israël connaissait Dieu comme un sauveur – le Dieu sauveur. Pour utiliser une autre expression, il est un libérateur. Il libère les êtres humains de l'asservissement et de la mort.

Évidemment, on ne retrouve rien de cela dans l'ethnologie ni dans la sphère des religions et des divinités du monde. Si l'on étudie les religions du Moyen-Orient de l'Antiquité, on n'y trouve aucun dieu qui sauve. Presque tous les systèmes religieux connus que les hommes ont créés comporte des moyens par lesquels les fidèles peuvent se sauver par leurs propres efforts ou du moins s'améliorer. Cependant, on ne trouve aucun dieu imaginé par l'homme qui soit par nature un sauveur ou un libérateur.

Par exemple, dans l'Ancien Testament, les Cananéens appelaient leurs divinités *Baal*. L'expression *ba'al* en hébreu a été tirée d'un mot phénicien qui veut dire « seigneur » et, quand ce mot était utilisé seul, c'était pour parler du dieu soleil. On suppose que chaque tribu ou localité cananéenne avait sa propre divinité. Par exemple, *Baal-Zebub* était le dieu d'Ekron (2 R 1.2,3,6,16) ; son nom voulait dire « seigneur des mouches ». Ce dieu était si infect et dégoûtant qu'on avait fait un jeu de mots avec son nom et, qu'à l'époque du Nouveau Testament, il désignait Satan : *Béelzébul*, « prince du fumier » (Mc 3.22).

Les Baal des Cananéens ne désiraient pas sauver qui que ce soit. On pouvait gagner leurs bonnes grâces en leur offrant des sacrifices, mais on ne s'imaginait même pas qu'une divinité offensée puisse prendre l'initiative de procurer le salut, le pardon ou la délivrance à quiconque aurait provoqué sa colère ou perdu sa faveur.

L'affrontement entre Élie et les prêtres de Baal sur le mont Carmel démontre un contraste frappant entre Jéhovah et Baal. Élie propose un concours :

> Et Élie dit au peuple : Je suis resté seul des prophètes de l'Éternel, et il y a quatre cent cinquante prophètes de Baal. Que l'on nous donne deux taureaux ; qu'ils choisissent pour eux l'un des taureaux, qu'ils le coupent par morceaux, et qu'ils le placent sur le bois, sans y mettre le feu ; et moi, je préparerai l'autre taureau, et je le placerai sur le bois, sans y mettre le feu. Puis invoquez le nom de votre dieu ; et moi, j'invoquerai le nom de l'Éternel. Le dieu qui répondra par le feu, c'est celui-là qui sera Dieu. Et tout le peuple répondit, en disant : C'est bien ! (1 R 18.22-24.)

Dans une représentation classique de Baal, ses sacrificateurs ont tenté tout ce qu'ils ont pu imaginer pour obtenir de lui une réponse. Bien sûr, Baal n'a pas réagi puisqu'il n'existe pas. Même les démons qui auraient pu jouer sur les superstitions de ces gens en personnifiant Baal n'ont pas réussi à effectuer le miracle nécessaire. Les moqueries d'Élie ont rendu ces sacrificateurs hystériques.

> À midi, Élie se moqua d'eux, et dit : Criez à haute voix, puisqu'il est Dieu ; il pense à quelque chose, ou il est occupé, ou il est en voyage ; peut-être qu'il dort, et il se réveillera. Et ils crièrent à haute voix, et ils se firent, selon leur coutume, des incisions avec des épées et avec des lances, jusqu'à ce que le sang coule sur eux (v. 27,28).

Le mieux qu'on puisse dire à propos de Baal (ou de n'importe laquelle des divinités créées par l'homme), c'est qu'il est indifférent. C'est ce que la moquerie d'Élie sous-entendait : « Votre dieu semble occupé à autre chose et ne vous écoute même pas. » Les prêtres de Baal, couverts de sang, se sont épuisés à force d'efforts, sans pour autant obtenir aucune réponse de leur dieu.

La personnalité des divinités païennes va de l'indifférence à l'hostilité. Dans l'Ancien Testament, les Ammonites adoraient un dieu nommé Moloch. Il était tellement cruel et méchant que la seule façon de l'apaiser, c'était de lui sacrifier des enfants. Il était représenté par une immense idole de bronze qui était creuse et façonnée de manière à servir de foyer. On la chauffait comme une fournaise, et on y jetait des nouveau-nés en guise de sacrifices. L'Ancien Testament décrit le rituel du sacrifice des enfants comme la plus monstrueuse des méchancetés humaines.

Tous les dieux de ce monde se situent sur cette échelle qui va de l'apathie à l'hostilité cruelle. Aucun d'entre eux n'est un sauveur comme Jéhovah. Contrairement à tous ces faux dieux, il est compatissant, miséricordieux, tendre, bienveillant et désire sauver les êtres humains. Cet enseignement fait partie intégrante de la Pâque, de l'Exode, de la promesse d'un Messie et de toute la liturgie de la prêtrise et des sacrifices.

Les Psaumes sont remplis de cette vérité : « L'Éternel est miséricordieux et compatissant, lent à la colère et plein de bonté. L'Éternel est bon envers tous, et ses compassions s'étendent sur toutes ses œuvres » (Ps 145.8,9). « Car tu es bon, Seigneur, tu pardonnes, tu es plein d'amour pour tous ceux qui t'invoquent » (Ps 86.5). « Car l'Éternel est bon ; sa bonté dure toujours, et sa fidélité de génération en génération » (Ps 100.5). Tous les versets du Psaume 136 se terminent par la phrase suivante : « Car sa miséricorde dure à toujours ! »

Remarquez combien de fois la Bible souligne la fidélité et l'immuabilité de Dieu lorsqu'elle parle de sa miséricorde. En effet, en tant que Sauveur de son peuple, Dieu seul demeure l'unique constante de l'univers. C'est pourquoi il sauve son peuple au lieu de le détruire sommairement quand il pèche : « Car je suis l'Éternel, je ne change pas ; et vous, enfants de Jacob, vous n'avez pas été consumés » (Ma 3.6).

Sa colère contre le péché est réelle, mais cela ne le provoque pas à changer sa Parole, revoir sa volonté, révoquer ses promesses ou changer d'idée : « Dieu n'est point un homme pour mentir, ni fils d'un homme pour se repentir. Ce qu'il a dit, ne le fera-t-il pas ? Ce qu'il a déclaré, ne l'exécutera-t-il pas ? » (No 23.19.) Que Dieu soit immuable signifie nécessairement qu'il n'est pas sujet à avoir des sautes d'humeur, des accès de colère ou des périodes de découragement. En termes théologiques, Dieu est impassible. Cela veut dire qu'il ne peut pas être soumis à des émotions involontaires, à des souffrances, à de la douleur ou à des blessures. Dans les mots de la Confession de foi de Westminster, Dieu est « infini en son être et en sa perfection, très pur esprit, invisible, incorporel, indivisible, impassible […] » (2.1).

Inébranlable, mais sensible

L'impassibilité divine n'est pas un concept facile à saisir. Robert Ingersoll, sceptique bien connu du XIXe siècle a écrit : « Réfléchissez ; invisible, incorporel et impassible. Je défie n'importe quel homme d'écrire une meilleure description de rien. On ne peut concevoir une meilleure image d'un vide qu'avec les mots "invisible, incorporel et impassible[2]". » De nos jours, même des théologiens chrétiens repoussent l'idée de l'impassibilité divine parce qu'ils pensent que cela fait paraître Dieu comme étant froid et distant.

C'est cependant une fausse notion. Affirmer que Dieu n'est pas vulnérable, qu'il ne peut lui-même être blessé ni changer d'humeur ne veut pas dire qu'il est totalement dépourvu de sentiments ou dénué d'affection. Rappelons-nous que les Écritures déclarent que Dieu est amour, compatissant, rempli de bonté et d'une grande miséricorde. « Les bontés de l'Éternel ne sont pas épuisées, ses compassions ne sont pas à leur terme ; elles se renouvellent chaque matin. Oh ! que ta fidélité est grande ! » (La 3.22,23.)

Notre grand problème lorsque nous réfléchissons à ces choses, c'est que nous tendons à penser aux attributs de Dieu en termes humains, ce que nous ne devrions pas faire. Nous ne devons pas nous imaginer que Dieu est comme nous (Ps 50.21). Contrairement aux émotions humaines, ses sentiments ne sont pas sujets à des réflexes involontaires, à des changements d'humeur ou à des bouleversements psychologiques. Il est aussi intentionnel et fidèle dans sa bonté qu'il est parfait et incorruptible dans sa sainteté.

L'immuabilité des sentiments de Dieu est – ou devrait être – une source de réconfort constant pour les véritables croyants. Son amour pour nous est infini et inaltérable. « Autant les cieux sont élevés au-dessus de la terre, autant sa bonté est grande pour ceux qui le craignent » (Ps 103.11). Sa miséricorde constante est sûre et fiable – autant quand nous péchons que lorsque nous souffrons injustement. « Comme un père a compassion de ses enfants, l'Éternel a compassion de ceux qui le craignent » (v. 13). Loin de décrire Dieu comme antipathique et indifférent à nos souffrances, les Écritures ne cessent de mettre l'accent sur sa compassion profonde et dévouée presque chaque fois qu'elles mentionnent l'immuabilité de Dieu.

Remarquez que j'ai cité presque exclusivement des textes de l'Ancien Testament pour établir le lien entre la compassion de

Dieu et son immuabilité. La conception courante selon laquelle les Écritures hébraïques dépeignent Dieu comme un juge austère, dont les verdicts sont toujours implacables, est caricaturale et injustifiée. En réalité, la bonté de Dieu est souvent mise en évidence là même où sa colère ardente contre le péché est mentionnée (voir Né 9.17 ; Ps 77.8-11 ; És 54.8 ; 60.10 ; Ha 3.2). Même les menaces les plus sévères et les mots de condamnation les plus durs des prophètes sont tempérés par la bonté intarissable et la miséricorde compatissante de Dieu (Jé 33.5-11 ; Os 14.4-9).

Bien entendu, nous devons maintenir un équilibre prudent dans nos propos. Il n'est ni sage ni utile d'opposer les attributs divins les uns aux autres comme s'ils étaient contradictoires (ce qui n'est pas le cas) ou d'agir comme si la miséricorde de Dieu pouvait outrepasser sa justice (ce qu'elle ne fait pas). « Considère donc la bonté et la sévérité de Dieu » (Ro 11.22*a*). Tous les attributs de Dieu sont également et infiniment exaltés dans les Écritures.

C'est une grave erreur, par exemple, d'opposer la puissance de Dieu à sa tendresse ou d'imaginer que sa justice peut être en conflit avec sa miséricorde. Le contraire est aussi vrai, et voici ce qu'il faut en retirer : la puissance de Dieu ne peut pas être bien comprise si on fait abstraction de sa bienveillance. En fait, la puissance de Dieu se voit le mieux dans sa tendresse envers les plus démunis, parce que sa puissance s'accomplit dans la faiblesse (2 Co 12.9).

La véritable signification de l'Évangile

Bien entendu, la plus grande révélation de Dieu en tant que Sauveur s'est réalisée en la personne de Jésus-Christ – Dieu fait chair. L'incarnation même est une preuve de sympathie et d'identification à nos faiblesses. En Christ, nous voyons d'innombrables manifestations de compassion divine, traduites dans un langage humain que nous pouvons comprendre et auquel nous pouvons facilement nous identifier comme la tristesse, la sympathie et les larmes de chagrin. Bien que sans péché lui-même, Jésus a subi au dernier degré les conséquences du péché ; et, en souffrant ainsi, il s'est identifié à la misère de tous ceux qui éprouvent la douleur des angoisses humaines. C'est la raison principale pour laquelle le Fils de Dieu est devenu homme. « En conséquence, il a dû être rendu semblable en toutes choses à ses frères, afin qu'il soit un souverain sacrificateur miséricordieux et fidèle dans le service de Dieu, pour faire l'expiation des péchés du peuple ; car, du fait qu'il a souffert lui-même et qu'il a été tenté, il peut secourir ceux qui sont tentés » (Hé 2.17,18). « Car nous n'avons pas un souverain sacrificateur qui ne puisse compatir à nos faiblesses ; au contraire, il a été tenté comme nous en toutes choses, sans commettre de péché » (Hé 4.15).

Ces déclarations démontrent que la miséricorde divine est bien plus que de l'empathie à l'égard de nos souffrances physiques. Bien sûr, la bonté de Dieu inclut une préoccupation sincère pour notre bien-être physique, temporel et terrestre ; mais elle comprend infiniment plus que cela. La compassion de Dieu et l'œuvre terrestre du Christ doivent être vues en définitive comme des œuvres de rédemption. En d'autres mots, le Seigneur, dans son immense tendresse, se préoccupe non seulement de la souffrance de notre corps, mais avant tout du salut de notre âme.

Pourtant, parce que la maladie, les infirmités, la douleur et tous genres de souffrances physiques sont des effets de la chute et des fruits de la malédiction reliée au péché, la compassion de Dieu pour la condition humaine inclut une grâce spéciale pour ceux qui souffrent physiquement. Le ministère de guérison de Jésus en est une preuve éclatante. La guérison physique n'était pas la raison première de sa mission terrestre. Assurément, « le

Fils de l'homme est venu chercher et sauver ce qui était perdu »
(Lu 19.10) – pour apporter la rédemption et la vie éternelle aux
pécheurs. Son seul message était l'Évangile, qui commençait
par un appel à la repentance (Mt 4.17) et culminait dans la promesse du repos pour les âmes fatiguées (Mt 11.29). Cependant,
tout le long de son parcours, Jésus a croisé des multitudes de
personnes infirmes, aveugles et atteintes de maladies de toutes
sortes. Il guérissait « toute maladie et toute infirmité parmi le
peuple » (Mt 4.23 ; voir aussi 15.30,31), incluant les anomalies
congénitales (Jn 9 ; Mc 7.32-35), des cas désespérés de maladies
chroniques (Lu 8.43-47), ainsi que des cas sévères de possessions
démoniaques (Mc 5.1-16).

Ces guérisons physiques étaient des démonstrations de la
puissance et de la compassion de Jésus. Elles étaient des preuves
de sa divinité et de son autorité divine. Elles attestaient son habileté illimitée à libérer n'importe qui de l'esclavage, de la peine et
des conséquences du péché. À ce titre, le ministère de guérison de
Jésus illustrait le message de l'Évangile, il exprimait la compassion
divine et confirmait ses compétences en tant que Messie.

La guérison physique n'était cependant pas le point central de
son message ni la raison principale de sa venue. Il faut se rappeler
qu'il est venu faire la propitiation pour le péché et racheter les
pécheurs, et qu'il y a réussi en souffrant à leur place et en mourant
pour leurs péchés.

L'Évangile proclame la voie du pardon, de la rédemption et
de la réconciliation avec Dieu, ainsi que le don de la vie éternelle.
L'Évangile ne nous assure pas que les souffrances nous seront
épargnées durant notre séjour sur terre. Il ne nous promet pas une
guérison immédiate ou automatique de chacune de nos afflictions
physiques. D'ailleurs, la souffrance même peut être une grâce par
laquelle nous sommes façonnés à la ressemblance parfaite de celui

qui a souffert à notre place (1 Pi 1.15,16). « Car il vous a été fait la grâce, par rapport à Christ, non seulement de croire en lui, mais encore de souffrir pour lui » (Ph 1.29). « J'estime que les souffrances du temps présent ne sauraient être comparées à la gloire à venir qui sera révélée pour nous » (Ro 8.18).

La véritable signification de l'Évangile et sa vérité centrale – que Dieu est un Dieu sauveur – sont inextricablement associées à une compréhension adéquate de la prophétie bien connue d'Ésaïe 61.1-3 que Jésus a lue à haute voix dans la synagogue et qu'on retrouve dans Luc 4.18,19 : « L'Esprit du Seigneur est sur moi, parce qu'il m'a oint pour annoncer une bonne nouvelle aux pauvres ; [il m'a envoyé pour guérir ceux qui ont le cœur brisé,] pour proclamer aux captifs la délivrance, et aux aveugles le recouvrement de la vue, pour renvoyer libres les opprimés, pour publier une année de grâce du Seigneur. » Les « pauvres » qu'il promet de bénir sont « les pauvres en esprit, car le royaume des cieux est à eux ! » (Mt 5.3.) Les « captifs » à qui il promet la délivrance sont « tous ceux qui, par crainte de la mort, étaient toute leur vie retenus dans la servitude » (Hé 2.15), ceux qui étaient esclaves du péché (Ro 6.17). Les « aveugles » qui recouvrent la vue sont ceux à qui il « *[ouvre]* les yeux, pour qu'ils passent des ténèbres à la lumière et de la puissance de Satan à Dieu, pour qu'ils reçoivent, par la foi en *[lui]*, le pardon des péchés et l'héritage avec les sanctifiés » (Ac 26.18). Et les « opprimés » sont ceux qui sont libérés de l'emprise du péché et du diable (Ac 10.38).

Autrement dit, l'Évangile annonce une vérité que la guérison physique ne fait que symboliser – une vérité plus vitale, plus durable, plus cruciale et plus réelle que le soulagement temporaire des douleurs d'une affliction charnelle. L'Évangile nous donne le seul véritable remède durable contre le péché, et contre la culpabilité et les répercussions qu'il produit.

De plus, parce que nos souffrances terrestres nous procurent tellement d'avantages éternels, Dieu fait preuve de plus de miséricorde quand il nous soutient dans nos souffrances que s'il éliminait toutes les épreuves et les difficultés de notre vie. En clair, une guérison instantanée ne serait pas plus valable et utile pour nous spirituellement que la grâce suffisante que Dieu nous accorde pendant que nous souffrons (2 Co 12.9,10). « C'est pourquoi nous ne perdons pas courage. Et même si notre homme extérieur se détruit, notre homme intérieur se renouvelle de jour en jour. Car nos légères afflictions du moment présent produisent pour nous, au-delà de toute mesure, un poids éternel de gloire, parce que nous regardons, non point aux choses visibles, mais à celles qui sont invisibles ; car les choses visibles sont passagères, et les invisibles sont éternelles » (2 Co 4.16-18).

Néanmoins, parce que nous savons que Dieu ne change jamais, nous pouvons dire avec une certitude absolue qu'il est un Dieu qui sauve, dont le cœur est rempli de compassion pour ceux qui souffrent. Notre vie et nos ministères devraient aussi refléter cette compassion – particulièrement envers ceux qui sont accablés par une agonie physique incessante. Nous ne pouvons pas proclamer l'amour de Dieu fidèlement si nous négligeons ce devoir.

Un commandement explicite pour les chrétiens

Notre Dieu est un Dieu sauveur. Sa bonté définit son caractère. Si nous souhaitons devenir « les imitateurs de Dieu, comme des enfants bien-aimés » (Ép 5.1), il nous incombe, comme croyants, de faire preuve de miséricorde envers les personnes faibles ou infirmes. « Vous avez reçu gratuitement, donnez gratuitement » (Mt 10.8).

Dans Luc 14.12-14, Jésus nous donne une instruction directe qui constitue une mission non seulement pour l'Église, mais aussi pour chaque croyant. « Il dit aussi à celui qui l'avait invité : Lorsque tu donnes à dîner ou à souper, n'invite pas tes amis, ni tes frères, ni tes parents, ni des voisins riches, de peur qu'ils ne t'invitent à leur tour et qu'on ne te rende la pareille. Mais, lorsque tu donnes un festin, invite des pauvres, des estropiés, des boiteux, des aveugles. Et tu seras heureux de ce qu'ils ne peuvent pas te rendre la pareille ; car elle te sera rendue à la résurrection des justes. » Cela pourrait-il être exprimé plus clairement ? Je ne vois pas comment.

Jésus dit que, lorsque nous sommes l'hôte d'une célébration ou d'une fête, nous ne devrions pas inviter uniquement ceux qui peuvent nous inviter à leur tour. Invitons plutôt des gens qui n'ont aucun moyen de nous le rendre. Si nous voulons manifester l'amour et la compassion de Dieu, c'est la façon de faire. La véritable générosité selon le Christ nous motive à faire preuve de bonté, même quand nous n'en retirons rien. Quand nous nous montrons charitables en donnant à quelqu'un qui peut nous rendre la pareille, cela n'exprime pas la générosité de Dieu ; c'est plutôt de l'altruisme superficiel, typique des humains qui recherchent leurs propres intérêts. Nous démontrons véritablement la générosité de Dieu seulement lorsque nous sommes généreux envers ceux qui ne peuvent agir de la même façon envers nous. C'est la meilleure manière de goûter la joie de Dieu.

L'Église n'a pas été conçue comme un club privé ou une confrérie pour des gens en forme, décontractés et branchés. C'est le regroupement de ceux qui reconnaissent leur déchéance et leur impuissance, qui ont accepté le salut du Christ et dont la principale occupation sur terre est de montrer à d'autres pécheurs le chemin de la rédemption. Si nous négligeons de tendre la main particulièrement à ceux qui sont aveugles, infirmes ou autrement handicapés, nous ne sommes tout simplement pas de fidèles messagers de la tendre miséricorde du Christ.

Voilà le commandement solennel de Jésus-Christ. C'est un ordre concret qui devrait caractériser nos relations avec les autres sur les plans personnel et familial, et particulièrement dans notre communion avec les autres croyants. Qu'un tel esprit imprègne nos rapports avec autrui afin que le Christ soit glorifié dans tout ce que nous faisons.

NOTES

Chapitre un

1. Certains éléments de ce chapitre ont été adaptés du message de John MacArthur, « Who Chose Whom ? », émission Grace to You, 1ᵉʳ décembre 1997, < www.gty.org/resources/sermons/GTY65/who-chose-whom >, et de son texte intitulé « Divine Immutability and the Doctrines of Grace », dans la préface de *Foundations of Grace,* de Steven J. Lawson, Orlando, Flor., Reformation Trust, 2006.

2. Cité dans Arthur Pink, *Studies in the Scriptures*, vol. 9, juillet 1938, p. 218.

Chapitre deux

1. *1689 : Confession de foi réformée baptiste*, Chalon-sur-Saône, Europresse, 1994, p. 17.

Chapitre quatre

1. Archibald Alexander Hodge, *Outlines of Theology*, New York, Robert Carter and Brothers, 1866, p. 127-128.

2. Thomas Watson, *A Body of Divinity*, Londres, Thomas Parkhurst, 1692, p. 47.

3. R. I. Dabney, *Syllabus and Notes of the Course of Systematic and Polemic Theology*, Saint Louis, Missouri, Presbyterian, 1878, p. 172-173.

4. Augustin d'Hippone, *The City of God*, trad. *[en anglais]* Marcus Dods, Peabody, Mass., Hendrickson, 2009, p. 568.

Chapitre six

1. Certains éléments de ce chapitre ont été adaptés de l'article de John MacArthur, « So Loved », *Tabletalk*, mai 2016, p. 10-11.

2. *The Works of Robert G. Ingersoll*, 12 vol., New York, Dresden, 1900, vol. 2, p. 361-362.

INDEX DES
RÉFÉRENCES BIBLIQUES

« **Publications Chrétiennes inc.** » est une maison d'édition québécoise fondée en 1958. Sa mission est d'éditer ou de diffuser la Bible ainsi que des livres et brochures qui en exposent l'enseignement, qui en démontrent l'actualité et la pertinence, et qui encouragent la croissance spirituelle en Jésus-Christ.

PUBLICATIONS
CHRÉTIENNES

Pour notre catalogue complet :
www.publicationschretiennes.com

Publications Chrétiennes inc.
230, rue Lupien, Trois-Rivières, Québec, CANADA – G8T 6W4
Tél. (sans frais) : 1-866-378-4023, Téléc. : 819-378-4061
commandes@pubchret.org

www.ingramcontent.com/pod-product-compliance
Lightning Source LLC
LaVergne TN
LVHW051350080426
835509LV00020BA/3369